好きなことだけで生きる

フランス人の後悔しない年齢の重ね方

ドラ・トーザン

残りの人生、やりたくないことをやって時間を無駄にするつもり？

ボンジュール！　サヴァ？

ドラ・トーザンです。

突然ですが、好きなことをして、好きな場所で、好きな人、好きなものに囲まれて生きていけたら……。あなたはそう思わない？

「もちろんそう思うわ」

ほとんどの人がそう答えるでしょう。

そう言われても、どうしたらいいのかわからない。そんな人をたくさん見てきました。

そこで、質問です。


あなたが本当にやりたい仕事は何？

勉強したいこと、習いたいことはある？
ひとりの時間は充実してる？
本当に一緒にいたい人は誰？
住みたい場所に住んでる？
好きなインテリアに囲まれてる？
今行きたい国はどこ？
今年は充実したヴァカンスを過ごせた？
今日の服装はあなたらしい？
お気に入りの映画は？　本は？　アート作品は？
好きな言葉は？
あなたの宝物は？

やりたいことを叶えるための勉強をして、信頼できるスタッフたちと仕事をして、行きたかった国に行き、ふらりと散歩に出かけ、好きなものに囲まれた部屋で暮らし、瞑想の時間を持ち、友人とワインで乾杯し、ヴァカンスは家族や恋人とゆっくり過ごす。どれもわたしらしい、幸せなひとときです。

「ドラとわたしは違うもの」

「好きなことばかりして生きていかれたらいいけれど、わたしは無理」

「家族がいるのだから自分だけの幸せを追求するなんてできないでしょ」

そう言われることもあります。

でも、本当にそうですか？

自分の生き方を、好きなようにチェンジできないことを、環境のせいにしていませんか？

生活のため、家族のために自分のやりたいことができない。それはわかります。でも、慌ただしい日々の中、なんとか数分でも自分の時間を持つことはできませんか？お気に入りの場所に行ってひとりになってほんのひとときを過ごすことだって、自分と向き合う第一歩。ただあきらめているよりもずっといい。

世界では現在も内戦のために学校に行けない子どもたちや、家を追われ、仕事を奪われ、貧困にあえぐ人たちがたくさんいます。フランスも日本も経済的にも社会的にも安定し、恵まれている。あなたの考え方次第で、選択肢を持てることを自覚すべきです。

『Impossible n'est pas français.（吾輩の辞書に不可能という文字はない）』

日本でもよく知られている言葉を残した、フランスの英雄、ナポレオン。「不可能という言葉はフランス語にはない」、または「不可能という言葉はフランス的ではない」とも訳されます。わたしもその通りだと思います。

人それぞれの顔やスタイルが違うように、人生も人それぞれ。だけど平等なのは、人生には限りがある、人は誰でもいつかは死ぬということ。もしその日が一年後だったとしたら、あなたはどうしますか？　行きたい国に行って、やりたかったことに挑戦して、会いたい人に会って、自分が納得するような日々を過ごすはず。やりたくないことをやったり、会いたくない人と会っている時間はありません。

わたしは常に「後悔しないように生きよう」と思って生きています。好きなことをして生きる人生を選択し、そんなわたしの生き方に自信を持っています。自分を愛しているから幸せだし、心に余裕が生まれ、ポジティブな「気」を発して、周りの人にもパワーをあげられる。

「ドラと一緒にいると元気になれるね」

そう言ってもらえるととても嬉しい！


あなたは自分の人生を愛していますか？

あなたは他ならぬあなたでしかありません。仕事や周りにいる人たちや生活習慣は変えられても、自分と一緒にいることは一生やめられない。だったら自分を愛して、自分を幸せにしてあげて。

自分であることはやめられないけれど、自分の考え方は変えられる。

もう若くないからダメ？　ノン！

世間の目が気になる？　ノン！

自分にできるわけがない？　ノン！

あなたにはまだまだ時間がある。でも時間は無限ではありません。好きなことをはっきりさせて、実現していってください。

窮屈さを脱ぎ捨てて、もっともっと好きなことだけしてもいいんじゃない？

わたしのメッセージがあなたに届きますように――。

Chapitre 1
好きなことをする

Chapitre 2

好きな人といる

Chapitre 3

好きな場所に行く

Chapitre 4

好きなものを持つ

Chapitre 1

好きなことをする

どの会社で働くかではなく、
何をして働くか

自分で決めるということ

人生にはいくつかの岐路があって、そのたびに自分の意志で決める。それが自分の人生への責任。日本人は進学先や就職先を決めるとき、ネームバリューやステータスを気にする傾向が強く見える。それはどうして？

「出身大学はどこ？」

と聞くことはあっても、大学時代何を考え、何を勉強してきたかには興味がない。そんな風潮もあるみたい。

仕事に関してもそう。企業名ばかり気にする人がいます。フランス人にとって大切なのは、自分がやりたい仕事かどうか。大企業に入ることであなたのやりたいことが実現でき、力が発揮できるのならそれはもちろん素晴らしいこと。でも、ただ単に大企業で働くことが幸せなのかしら。小さい会社でもいいから自分のやりたいことをしたい。起業したい。フリーランスで仕事をしたい。海外で働きたい……。

それが自分に最適なのかを見極めて職に就き、生き生き働くことが大切じゃない？

フランス、とくにパリでは、お金を持っているよりも、画家や彫刻家など、アーティストがリスペクトされます。だからこそ、二十世紀の初め、ピカソやマティスら芸術家たちはパリに集まってきたのですから。

わたしの友人マルティーヌは、フランスではよく名の知られた企業でマーケッターとして働いていました。労働条件も快適で、誰もがうらやむ生活。でも彼女は突然会社を辞めて教員試験を受け、小学校の先生になりました。教師になるにはもちろん学歴と教養が必要。とはいえ、条件はけっしていいとはいえない。それでも彼女は大企業で快適な労働条件のもとで働くよりも、誰かのために役に立つことを選んだの。彼女は自分自身を見つめなおした結果、そういう結論に達したと言います。今、彼女は子どもたちと触れ合う日々の中で、自分らしく生き生きと暮らしているわ。

わたしにもいくつかの岐路がありました。企業でインターンを務めるために来日したわたしは、いったんパリに帰国。その後ニューヨークに飛び、国連本部での仕事をしていました。そのときにＮＨＫのテレビ番組『フランス語会話』の講師をやらないかという話が！　日本にいた頃にホームステイ先の家族に勧められてＮＨＫに電話をかけ、面接は受けました。でもすでに次の担当者が決まっていたので採用はされませんでした。それなのに、面接を受けたことも忘れてほかの国で働き出した頃、いきなりのオファーです。

考え抜いた結果、日本の文化に惹かれていたわたしは、日本で仕事をするという結論を出しました。再来日して一九九二年からNHKで仕事をしはじめると、ほかのテレビ番組からも声がかかるように。タレントとして、バラエティ番組に出演してほしい、という依頼です。テレビ出演をすれば、一気に顔と名前を知られ、その後の活動にも役立つかもしれません。収入の面でも魅力的です。

けれど……。テレビ番組に出るということは、ある程度、台本通りに自分の役割を演じなくてはいけません。しかも番組が必要としているのはドラ・トーザンではなく『パリジェンヌ』らしいコメント。バラエティ番組の場合はとくにそう。日本にいる外国人タレントとしての役割を求められます。自分の話す言葉を人に決められるなんて！　それは、わたしがもっともしたくないこと。

このジレンマ。考えに考え、わたしにはフリーランスというかたちが一番合っていると気がつきました。わたしが何より愛しているもの、大事にしているものは『自由』だから。そして、雑誌や新聞の連載で自分の思うことを発信してきました。最近は文化放送『くにまるジャパン』にも出演していますが、その番組は生放送。言いたいことがストレートに言えるので、とても自分に向いているわ。

大事なのは自分で考えること。そして自分が下した決断を誰のせいにもしないこと。

一流企業だから。条件がいいから。親を安心させたいから……。世間体や誰かの意見で決めてしまうのではなく、自分で考える。自分らしい自分でいられることを最優先にすべき。自らの人生の大事な決断を世間の声や人の意見に左右されるなんて、人生を放棄することと同じ。

とはいえ若いときは目標がわかりづらいもの。日本には「長男は後を継ぐ」などという考え方が根強く残っている。これはわたしが日本に来て驚いたことのひとつです。フランスにはこういった考えはありません。伝統文化を継承すること、老舗を守ることはもちろん大事なこと。それが本当にやりたいことならいいのです。

それから忘れないでほしいことは、仕事と年齢は関係ないということ。いくつになってもやりたい仕事にチャレンジして。

自分で決めて、自分が納得する人生こそいとおしい。

どんなに忙しくても
ひとりの時間を作る

自分を見つめる

フランスと日本だけではなく、数々の国で仕事をしたりヴァカンスを楽しんだり、いつもはバタバタと飛び回っているわたし。どちらの国にも友だちがたくさんいるし、ホームパーティなどで大勢と過ごす時間も大好きですが、それだけでは駄目。わたしはひとりの時間がないと、心も身体もバランスが悪くなってしまいます。イライラしてしまい、コンディションのいい状態を保つことができません。

わたしはどんなに忙しいときでも、ひとりの時間を作り出すようにしています。孤独な時間はわたしにとって必要不可欠。普段の生活のペースから少し距離を取る時間であり、今の自分を見つめなおす時間です。わたしはひとりの時間が大好きです。ひとりの時間はとても大事で、必要だと考えています。

「今日は一日暇でやることがないからつまらないわ」

なんて言わないで。予定のない日は、自分と向き合い、自分を愛する最高に贅沢な時間。有意義に過ごさなくては！

わたしはそういうとき、散歩に出かけます。誰にも邪魔されることなく自分のペースで、思考を巡らせながら好きな街並みを歩く。パリならノートルダム寺院近くのセーヌ川をぶらぶら。美術館、映画館に行くこともあります。仕事が忙しい日々の中、ふと美術館に行って、画家たちの描き出す世界に浸ってくる。映画の世界にのめりこんで、大笑いしたり涙を流したり、夢を見るような気持ちになったり。日常生活から一瞬離れ、別の世界にトリップしてリフレッシュすると頭もスッキリ。

東京だったら神楽坂の小道を散歩。商店街の顔見知りの奥さんと立ち話をしたり気になっていたお店やレストランに入ってみたり。お気に入りの街から足をのばして神社やお寺巡りをしたり、ちょっとした旅行をしたり。

リラックスする時間と空間を満喫し、背筋をピンと張って、堂々と歩きます。ひとりで発見した新しい街や素敵なお店に、今度は友だちや恋人と来ようかな、と考えることができるようになってきたら、エネルギーが充電されて心に余裕が生まれたということ。

ひとりの時間に散歩に出ると、いつもとは違う新しい世界が発見できます。近所なんか回ってもつまらない、そんなことは言わずに、外に出てあたりの景色を見回してみて。季節によって街の匂いも違うし、咲いている花も違う。桜が咲きそうだな、とか新緑の香りがするなとか、アジサイの色がきれいだなとか、いつもの風景でも思いがけない発見があるはず。歩いているとふっと仕事のアイディアが浮かんできたり、自分次第で発見はいくらでもあるもの。わたしはそんな小さな変化を感じるのが大好き。ひとりだからこそ豊かな時間が過ごせるの。

なんでも楽しめる人はとても魅力的。もしかしたら素敵な出会いがあるかも。まさか？　そのまさかもあるのよ。異性にかぎらず、新たな自分自身に会えるかもしれないのだから。

スケジュールがぎっしり詰まっていないと不安になる人をときどき見かけるけど、何もしない時間もとても大事。

「暇な人だと思われちゃうかしら」

「友だちのいない人に見えるかしら」

ノン！　周りの目を気にすることはありません。ひとりの時間を有意義に、幸せに過ごせる人は魅力的です。日本でもここ数年「おひとりさま」を楽しむ風潮があるようで、とてもいいことね。

無になると、見えてくるもの

一日一回のリラックス

ひとりの時間が不可欠な、もうひとつの理由はバッテリーのリチャージのため。成熟した女性には、無になる時間が必要。目覚まし時計を気にせずたっぷり眠ったり、忙しいときにはなかなかできないスキンケアに時間をさいたり、バスタイムを多めにとったり。

ひとりの時間を充実させるときに必ずすること、それは瞑想。おおげさにする必要はなく、家の中でお香を焚いてぼーっとしたりヨガをしたり。最近では木魚を叩いたり（笑）。友人のお坊さんに勧められて購入したのですが、ポクポクという木魚の音は精神を落ち着かせてくれます。

バスタイムにはアロマキャンドルを灯してリラックス。幻想的な光に包まれながら入浴すると、日常から一歩離れた異空間にトリップしたような雰囲気。仕事が忙しかったり、人間関係で悩みがあったり、大人になると毎日がストレスフル。お風呂の中ではなるべく頭を空っぽにして、あれこれと自由な空想をしながら、幸せな気持ちを取り戻していきます。一日の終わりにゆっくり浴槽につかるという習慣は、日本文化の中で最高に素晴らしいもののひとつね。ただ、日本は地震があるから最近キャンドルは使わなくなったけど。

浴槽にアロマオイルをたらしたり、入浴剤を入れて楽しむこともあります。香水をセレクトするように、その日のお気に入りの香りを選ぶだけでもワクワク。バスルームいっぱいに香りが広がると、とても満たされた気持ちに。どんなに短い時間でも、一日一回はひとりになって自分自身を見つめる時間がほしい。そして毎日ひとつは、自分を喜ばせることをしたい。バスタイムはそのふたつの思いをいっぺんに叶えられるチャンスです。かぐわしい香りに包まれながら頭をリラックスさせたいもの。

自然といえば、日本は季節の移り変わりに一番敏感な民族ではないかと思っています。だって、桜の季節といったら！　ニュースでは毎日桜の開花予報が流れ、雨や風に一喜一憂。花見をこよなく愛し、秋は紅葉。俳句や短歌の世界にも四季の情景が織り込まれています。それなのに残念ながら、特に東京は、自然に触れる機会がとても少ない。なんてもったいないことでしょう。

自分の中の本当の自分と見つめ合い、内面を充実させ、内面の美しさを磨く。そうした時間を過ごすことで、エネルギーが湧いてきます。自然のエネルギーをもらえたら一番いいのですが、忙しい毎日の中ではなかなかそうもいきません。毎日寝る前のちょっとした時間でいいので、頭の中をからっぽにしてぼんやりしてみてください。豊かな日々を送るためにも、無になる時間は必要なのです。

朝の贅沢
「グラスマティネ」はいかが？

朝寝坊とベッドカバー

日本人は本当に早起き。わたしはそう思います。ヨーロッパの地域性もありますが、夏の日没は遅く、逆に冬の朝などは八時ぐらいでも真っ暗。仕事や趣味など、様々な理由で早起きする人もいますが、午前五時や六時は、まだ夜の感覚です。

夏はパリに帰るか旅行を楽しんでいるわたしですが、一度日本で夏を過ごしたことがあります。早朝からいきなり大きな音楽とともに「腕を前から上に上げて〜」と男性の声。「映画の撮影でも始まったの?」とびっくりして目を覚ましてしまいました。そう、ラジオ体操。わたしにとってはまだ眠りについてから数時間しか経っていない時間です!

あまりにも印象的だったこの出来事。その後いろいろな人にこの話をしました。すると驚いたことに、日本の子どもは夏休みでも早起きなのだとか。学校に行っているときと同じように過ごすようしつけているみたい。学校でも「休み中でも規則正しい生活を」と教えているみたい。フランスでは違う。せっかくの休みは朝寝坊のチャンス! 普段の生活リズムから解放されるのも、夏休みの楽しみのひとつなのに……と、不思議でした。

人はそれぞれに合ったペースがある。わたしは典型的な夜型人間で、一番頭が冴える時間が夜十二時から深夜二時。頭の動きはこの時間だと完璧。原稿もはかどります。朝の生番組のオファーは精神的に負担になるし、頭の回転もあまりよくないので、断るようにしています。朝型の生活を送る方が健康的なイメージがありますが、わたしは自分の身体のペースを重視する方がいいと思います。

わたしは日本の旅館が大好きですが、朝食の時間の早さだけは困っています（笑）。

フランス人は睡眠をとても大事にしています。週末の朝寝坊も大好き。起きてもゆったり過ごします。それをフランス語で『la grasse matinée（グラスマティネ）』といいます。意味は『朝の贅沢』。grasse は英語で言うと fat。つまり『脂肪のついた朝』ということ。面白いでしょう？

ベッドでクロワッサンとカフェオレの朝食を食べたり、本を読んだり。ベッドで原稿を書くこともあります。日本でこの話をすると、そんなのかえって落ち着かないじゃない？　と驚かれたりもしますが、フランス人にとってはベッドに座ってノートパソコンを打つのはごく普通のこと。

週末、恋人と一緒に過ごした翌朝は、グラスマティネを楽しみます。フランスでは男性がクロワッサンを買いに行ってくれます。うとうとしながら恋人を待っているその時間も幸せなひととき。

そういえば以前、サイン会をしたとき、若い女性に「どうしてフランス人は休日、ベッドで朝食を食べるんですか?」と聞かれたことが。とても真面目そうな女性なのでどうしようかと思いましたが、わたしは正直に「それはね、もう一度メイクラヴをするためよ」と答え、にっこり笑いました。するとその女性は耳まで真っ赤になっていました。

睡眠を大切にしているので寝具にもこだわっています。お気に入りの枕、シーツ、ブランケット。寝心地だけではなく居心地のいい空間を演出します。

フランスと日本ではベッドの規格が違います。わたしはどちらの国でもひとり暮らしですが、ベッドはダブル。でも先日、日本の大手デパートに行ったとき、シングルベッド用のシーツの種類は豊富なのに、セミダブル用はとても少なく、残念に思いました。日本ではあまり需要がないのでしょうか。

パリの部屋にはもっと大きなベッドを置いています。そもそもパリではシングルベッドは子どものためのもの。先日十三歳になった姪っ子も、大きなベッドに買い替えたと話していました。

ベッドは一日の疲れを取ってくれる場所、ストレッチもするし、もちろんメイクラヴも。だから色合いもとても重要です。「今日の寝具は全部ボルドーでまとめてみよう」「今日は真っ白なシルクで統一」「今日は強い色にしたいから全部黒で」と、気分によって楽しんでいます。

ベッドサイドのテーブルには寝るときに読むための小さな本をたくさん置いて、まさにベッドはスペシャルなスペース。

日本では電車の中でこくりこくりと眠っている人がいますが、よっぽど疲れているのか、睡眠不足なのか……。

睡眠はとても大切。それは美容や健康ため、そして一日を元気に過ごす活力の源。まさにバッテリーチャージをする時間です。質のいい眠りをとりたいものです。

コンビニ弁当で
済ませるなんて!!

ランチをもっと楽しむ

ランチタイムはビジネスマンにとって大切なブレイクタイム。気分転換にもなるし、美味しいものを食べることは人生の喜び。なのに日本人のコンビニ弁当率の高さといったら信じられない！　お昼を食べる時間がないからといって栄養補助食品だけで済ます人もいるみたい。そういう話を聞くと寂しくなります。だってフランスではランチタイムをとても大切にしていて、楽しみにしているから。

その理由は……。

1. 食べることが好きだから、なるべくできたてを食べたい
2. 精神的なオフ、気分転換のために外に出てリフレッシュ
3. 仕事と関係ない人と会って言葉を交わすことで、午後の仕事のエネルギーチャージ

ランチタイムはだいたい一時間。パリ郊外だともっと長いケースもあります。昼休みに自宅に戻って食べる人もいるぐらい、ゆっくりできるのです。

パリで働いている人のランチはビストロかカフェ。フランスではランチの福利厚生が二タイプあります。一つは社員食堂のある会社。もう一つは社内食堂がない会社が始めたランチチケット制度。

「今日は何にしようか。チャイニーズかジャパニーズ？　それともイタリアン？」と、日替わりで楽しむことができます。日本の企業でも同じようなシステムがありますが、まだまだ使えるレストランが少ないよう。もっと増えるといいですね。

最近、フランスではお弁当屋さんも人気。でもオフィスに戻って食べることはあまりしません。公園や街角のお気に入りのベンチで食べたほうが美味しいと思わない？

フランス人にとってランチタイムはもうひとつの意味もあります。同僚と連れ立って出かけ、ワインを一杯飲みながらミーティング。終業後の日本の〝接待〟は、フランスにはありません。フランスのビジネスマンは仕事が終わった後はプライベートタイムだから。

日本もワンコインでランチが食べられるお店が増えています。わたしから見ると、日本のビジネス街はとてもランチのチョイスが多いと思う。仕事の能率を上げるためにも、もっとランチを楽しんで！

自分の意見を言える
女性は美しい

大人のおしゃべり

　フランス人はおしゃべりが大好きです。ワインを飲むときのごちそうは、何よりおしゃべり。他愛もない話をしていた家族の食卓が、突然、議論の場に早変わり。そんなことは日常茶飯事。それも楽しみのひとつです。

　友だち同士でも、パートナーとも、歩きながら、食事をしながら、タクシーでもカフェでもしゃべりっぱなし。とくに女同士のおしゃべりは止まりません！　これはどこの国でも同じですね。わたしも妹といるときはずっとしゃべっています。

　フランスでは、しゃべることが上手な人は尊敬され、称賛の的。日常生活ではもちろん、社会情勢についてもしっかりと意見が持てるようにと、家庭でも学校でも教えられます。小学校の頃から活発に手を挙げさせて自分の意見を言わせます。そのときにうまく話せないと、先生に注意をされます。人前で発表する機会も多いので、いかにクラスメイトたちの前で自分の意見を上手に表現するかを工夫します。反対意見も活発に飛んできますが、そこから議論が発展するのも楽しみのひとつ。日本だと反対意見を言われると凹んでしまったり、言う方も遠慮してしまったりするかもしれませんが、フランスではおかまいなし！　学校教育のおかげで自分の意見を述べることができるようになります。

日本では『沈黙は金』という言葉もあるように、おとなしい人が多いよう。とくに大勢の人の前では自分の意見を言わないし、他人の意見を批判することもあまりない。

わたしは以前、日本の大学で講師を務めたことがあります。誰もが知っている優秀な大学でしたが、学生と政治の話をしようと思っても、しっかりと自分の意見を口にできる学生はほとんどいませんでした。というより、そもそも自分の考えというものがない。率先して手を挙げて意見を述べてくれる人は、たいてい帰国子女です。

一対一でじっくり話すと面白いのに、大勢の前だと自分の意見を言わない。そんな日本人学生もいました。

フランスだったら考えられません。最近起きている国際情勢の問題、国内外の政治の問題、環境問題、それらに関しては常に意見を持っているフランス人。知性を身につけることをとても重要視しています。お互いに議論を交わしながら、すぐに「どうしてあなたはそう思うの？」と相手に問いかけます。もちろんフランス人にもおとなしい人はいます。でもフランスだと「無口な人」「シャイな人」というのはあまりいい評価とはいえません。

とはいえ、『和』を尊ぶ日本社会で、あまりにもいつも「どうして？」と議論をふっかけていたら、空気の読めない迷惑な人だと思われてしまうかもしれません。でも、自分の意見はしっかり持つべき、そしてきちんと人前で口にすべきです。

フランス人は本音と建て前を分けるという考え方自体ありません。自分が今感じていること、思っていることをそのまま言います。がまんはしません。あまりにはっきりしすぎているので、ときには傷つけたり傷つけられたりもしますが、お互いをよく知るためには必要なこと。傷ついた場合も「今の言い方はあんまりよ」と、そのことをはっきりと伝えればいいのです。むしろ、自分をきちんと表現せずに曖昧に笑ってばかりの方が失礼。深い関係が築けません。反対意見を言う、それは自分を表現すること。相手を攻撃することを目的としているわけではありません。

自分がこういう意見を伝えたら、相手はどう思うか。どういうふうに表現したら、より伝わるのか、自分が考えていることをより理解してもらえるのか。積極的に討論を交わすことでお互いの理解を深めます。

思っていることを表現できないことほど窮屈なことはないわ。何も言わないことで誤解を受けたり、遠慮して本当に思ってないことを口にして、それがあなただと思われたら損だと思わない？　自分というものを表現することで、本物の友情や、師弟関係や、パートナーシップが生まれるのですから。

わたしは出会った人と「もっと話したい」「自分の考えを伝えたい」という気持ちが旺盛だから、気がつけば六か国語が話せるようになりました。言葉が通じないことでもどかしい思いをしたくないからです。友だちや仕事仲間はもちろん、恋人ができるととくにそう思います。自分の気持ちは細かいニュアンスまで伝えたいし、相手の言っていることもきちんと理解したい。わたしはいつでもそういう気持ちにあふれています。

何かを学ぶことは
若さをキープすること

人生における勉強

一日は二十四時間しかありません。日本人でもフランス人でも同じ。だから使い方が重要なの。仕事の時間も、家族といる時間も大切。そのうえでひとりの時間も大切だし、フランス人は社会貢献の時間も大切。それに、趣味と勉強の時間だって欲しいし、人生はうかうかしていられない。

フランスは二〇〇〇年に施行された『週三十五時間労働制』以降、残業せずに会社を出られることになりました。この法律によって、フランス人の仕事に対する姿勢、仕事と私生活の時間配分に対する姿勢が大きく変わりました。その結果、平日の夜、趣味と勉強に割ける時間を持てるようになったのです。

パリジェンヌはジムに通ったり、テニス、水泳、自転車、ヨガ、バレエ、サルサを楽しんだりと、体を動かすことが大好き。

絵画や語学講座に通う人もいれば、音楽活動をする人も。最近ではガーデニングや陶芸の講座も人気。パリはマーシャルアーツ（格闘技）や合気道の無料講座もあります。そもそもパリの市民講座は質もいいし、なんといっても安い！

趣味を持つということは、自分の世界があるということ。そして極めるとさらに面白くなってくる。同じ趣味の人とは仲良くなりやすいので、友だちがたくさんでき、新しい出会いがさらに次の出会いを生むことも。気がつけば全然違う世界の人と気が合ってしまい、一緒に旅行するほどの仲になったりと、自分でも思いがけないことが起こったり。

今やっている仕事はあまり好きではないけれど、趣味の世界で自分を発揮し、個性を磨くことができているからオーケー。そういう割り切った考え方をするのもアリかもしれないわね。

わたしは日本で長い間、アンスティチュ・フランセとアカデミー・デュ・ヴァンで講座を持っています。十九時からのクラスなのですが、集まってくる人は年齢も職業もさまざま。でもそこで知り合って、一緒にワインを飲んだりフランス語の勉強をして、親交を深めています。

講師のわたし自身も生徒と仲良くなります。自分よりずっと年下の女の子もいれば、父親ほどの年齢の男性たちもたくさんいます。何歳になっても勉強はできるんだから。

「今からやったってしょうがない」

そんなのはただの言い訳。何歳でも趣味と勉強は始められます。勉強したいという気持ちがあれば、人生の若さをキープすることができる。実年齢には関係なく「人生の若さ」。

死ぬまで勉強する気持ちがあるなんて素敵だと思いませんか。わたしの講座に来てくれる方たちはみんな「何かを学びたい」という向上心に満ち溢れていて、とても魅力的な人たちです。

日本人はフランス人より勉強好きだと感じます。コツコツ勉強することが得意なのは日本人の長所のひとつ。やりたいことがあるのならぜひ勉強する時間、趣味の時間を持ってみて！

今を生きることが、
将来の幸せにつながる

がまんはしない

フランス人……とくにパリジェンヌはがまんをしないことで有名です。フランス語では「がまん」にあたる言葉がありません。

わがままと言われることもありますが、わがままなのではなく「自由な生き方をしている」のです。フランス人の基本コンセプトは何についても「自由」。

初めて日本に来たとき、わたしはホームステイ先の家族たちに「がまんしてね」と、よく言われました。

「日本での生活に慣れるまでがまんして」「今日のご飯は口に合わないかもしれないけどがまんして」「痛いけどがまんして」などなど……。わたしはそのたびに「がまんってなんですか？」と聞いていました。でも、説明されても意味がわかりません。とりあえず耳で「がまん」という言葉を頭にインプットしたのですが、「がまん」のほかにも「がんばる」「しょうがない」などは、フランス語にはない言葉で、なかなかその概念が理解できずにいました。

それから日本で暮らすようになっても「がまん」の意味は曖昧なまま。十年ほどの月日が経過し、初めて日本で本を出版することになったときにようやくきちんと理解したのです。

でもこうしてフランスと日本を行き来するようになって、フランス人も少しがまんした方がいいかな、と思うようになりました（笑）。日本の社会システムの基本は『和』。日本だと大勢が集まる場所でも穏やかな空気が流れている。これがフランスだったらあちこちのテーブルで議論を展開していて、どんなにうるさいことか！

けれど、和を尊ぶあまり自分の言いたいことをがまんするのは身体のために良くありません。がまんしすぎるとうつっぽくなり、健康のためにもよくない。胃や肝臓をこわすまでストレスをためている人もいますが、「どうしてそんな風になるまでがまんしたの？」と、歯がゆくなります。

組織のために、嫌な仕事も嫌な上司のパワハラやセクハラもがまん。

その場の雰囲気を壊さないためにがまん。

結婚生活がうまくいかなくても、セックスレスになっても、家庭生活を維持するためにがまん。

親のため、子どものためにがまん。

将来のために今はがまん。

がまん、がまん、がまん……!

なぜそんなにがまんしなければいけないの?

わたしは自分ががまんするような事態に陥ったら、コミュニケーションをとって解決しようと試みます。フランス人ははっきり意思表示をします。そうしなければ相手にも真意が伝わりません。

社会生活でも「これはおかしい」と思うとすぐに対策を考え行動に移すので、フランスではデモやストライキが多いのです。エール・フランスのストライキといったら!(笑)

わたしは「将来のためにがまん」という考え方もしません。明日……というより、人間は次の瞬間、どうなっているのかわかりません。今この瞬間を濃密に生きなければいけません。人間は必ず死ぬ。その点で誰もが平等なのですから。自分でもどうなるかわからない未来のために、今、がまんをしてどうするの？

　わたしは今を充実させることこそ大切だと考えています。がまんはしない。その場でいい人のふりをして適当にごまかさない。自分が言いたいことを言い、やりたいことをやる。そのためには、今、自分は何がやりたいのかを明確にしておくこと。

　日本人はがまんしすぎ。がまんすることすべてが悪いとは言わないけれど、必要以上にがまんすることは絶対にない。フランス人はよくわがままだと言われますが、人に迷惑をかけるようなわがままを言うわけではありません。自分の意見を言うこと、自分がやりたいことを明確にすること。それってわがままかしら？　そうではないでしょう？

　あの国に行ってみたい。あの街に引っ越したい。あの仕事に就きたい。あの人に会いたい……。そのためにはがまんなどしている暇はないはずよ。

好きかどうかで決める

自分にうそをつかない

自分に正直に生きること。

とてもシンプルだけど、難しい。正直でい続けるためには、ある意味、あらゆるプレッシャーを跳ね返す勇気も必要になってくるからです。

まず自分を知ることがとても大事。それにはやはり時間がかかります。年をとるほど自分を知り、いろいろなことを学び、悟り、人生は面白いと感じることが多くなります。

私の著書『フランス人は年をとるほど美しい』でも書きましたが、正しく年をとれば、どんどん成熟し、自信に満ち溢れ、美しくなれる。「自分らしく、好きなことをして今を生きているか」。その自分らしさがわかってくるからこそ、年齢を重ねることでどんどん魅力的になるのです。

自分に本当に大切な人、似合うもの、やりたい仕事などがわかるのは年齢を重ねたからこそ。若い頃には捨てられなかったこだわりが、実はそれほど重要な問題でもないな、とわかったり、すぐに人とぶつかっていた人が柔和になったり。

自分はどんなタイプの人生を生きたいのか。自分はどういう「主義」で生きていくのか。どんなタイプの人生を生きたいのか。しっかり自分を見つめて考えてみる。

安全、安心の生活の中で力を発揮して生きていくのが自分らしいのなら、安定した収入を選ぶ。組織に縛られず自由なことをしたいならフリーランスを選ぶ。

わたしのように世界中を旅したいなら、実現できるような仕事を選ぶ。

日本では、勉強も結婚も仕事の選び方も住むところも自分の好きなことを優先するより、イメージとか世間の評判で決める面があるように思います。世間的に知られている大学や企業に憧れる傾向が強いし、自分がそこに入りたいと思って努力するならまだしも、高学歴で高収入の男性と結婚したいと考えたり。

フランス人は買い物も、流行りのブランド、有名なブランドだから選ぶ、ということはあまりしません。自分が好きな、自分に似合う服やアクセサリーならノーブランドでも、数百円のものでも身につけます。自分が着ていて「今日のわたし、なんだかいいな」と思えることが大切です。

ただし、自分に正直に生きることは『頑固』になることとは違う。むしろ、かたくなさを取り払って、自分を見つめなおすこと。

もしあなたの心がなんだかもやもやしているのなら、自分が何を好きなのかがわからなくなっているのかもしれません。自分に正直に生きるには、自分が好きな何かを見つけること。「好き」がわかれば心が素直に喜ぶし、正直になれるの。

好きなものを食べる

運動は楽しむために

お風呂上がりに自分の身体を鏡に映してみると、若い頃に比べていろいろな場所に贅肉がついていることに気づきます。お腹も昔のようにぺったんこではありません。

でもわたしは食べることが大好き。自分の好きなことをがまんしてまで、ダイエットをしようと思ったことはありません。あまり夜遅い時間に食べないようにしたり、多少は気をつけていますが、基本的には甘いものもお肉も、ワインも大好き！

ダイエットにこだわりすぎると、結局は無理ながまんをすることになって、長続きはしない。ネガティブな行動になります。好きなものをがまんするよりポジティブな選択をしましょう。つまり、身体を動かすこと。

スポーツをした後はエンドルフィンが出て、身体も精神も元気になります。

わたしはティーンエイジャーの頃からバレエを習っていましたが、日本に来てからもバレエを続けていました。身体のために良いのはもちろん、美しい姿勢を保つためにも効果的です。

仕事が詰まっていて、一日中パソコンと向かい合っている日は、散歩に出かけて背筋を伸ばして早足で歩くようにしています。

毎年夏にLe Tournoi de Roland Garros（全仏オープン）が開催されますが、フランス人はテニス好きな国民です。わたしの父も、八十歳を過ぎていますが毎週テニスコートに通っています。仲の良い日本人Oさんも、父と同世代。四十歳を過ぎた頃、健康診断を受けたときに、医師にやせるか、運動するかと言われて自転車を始めました。毎日、郊外の自宅から都心の勤務先まで二十キロ近い距離を自転車で通勤するようになりました。退職後も自転車には乗り続け、今ではロードバイクもマウンテンバイクも両方乗りこなしているのだとか。

単にダイエットのため、あるいは筋肉をつけるためにジムに通うより、何かひとつ、好きなスポーツがあると長続きするし、上達する喜びを味わうことができます。

フランスは肉食とワイン、
あとチーズの国！

「食べると太る」の真相

フランス人は食べることが大好き。食べる時間、空間、すべてを含めて食にまつわるひとときを愛する『美食の国』です。

フランス人の一人当たりの肉の消費量は世界のトップクラス。そして年間で日本人の何十倍ものワインを飲みます。肉食とワイン。身体に悪そうですが、フランス人は心臓病による死亡率が低い。一般的に『フレンチパラドックス』と呼ばれています。これは赤ワインの中に含まれるポリフェノールのおかげだと推測されています。

フランス人は昼でも夜でもワインを飲みます。ワインの産地も多く、ボルドー、ブルゴーニュ、ロワール地方などのワインがあります。お祝いのときはシャンパン。シャンパンはマジックドリンク。飲むとちょっと特別な気分になります。

日本に来たばかりの頃はまだあまり美味しいフランスワインを飲める店がありませんでした。一九九五年に田崎真也氏が世界最優秀ソムリエコンクールで優勝してからワイン愛好者が増え、日本でも美味しいフランスワインが飲めるように。

そして、フランス人にパンとチーズは欠かせません。パリの街にはパティスリーが多すぎて困るほど。お店がたくさんあるし、価格もお手頃なので、パリジェンヌはがまんができません！　エクレールショコラをかじりながら道を歩くことも。パリで私が住んでいる通りだけでもパティスリーが四軒、チーズ屋さんが三軒あります。

わたしは、食べる量と贅肉の量は関係ないと思っています（あくまでもわたしの意見）。フォアグラも甘いデザートも、太ることを気にせず、美味しくいただくわ。食事を楽しんで健康な精神状態でいることのほうが重要。もちろんワインも。

身体に良い、悪いということよりも、食事を楽しむことが大切。いい時間を過ごすのが大事。「美味しい！」と感じるとエンドルフィンが分泌されます。楽しいことを想像しているときもそう。つまり、美味しいものを食べることを想像するだけでエンドルフィンが分泌されるので、脳の活性化のためにもアンチエイジングのためにも効果があります。もちろん誰と食べるかも重要ね。

つまり、フランス女性は痩せるためではなく、美味しい夕飯を食べるためにコントロールをするということ。いつもより高級なレストランに行く予定があれば、おしゃれをして、お昼は少なめにサラダだけにしてお腹をあけておく。素敵な食事の時間を過ごす、そのときのために、女性はメイクも服も、ボディにも磨きをかけるのです。

ドラのおすすめワイン生産地

複雑で力強さ

Bordeaux　ボルドー

Médoc《メドック》の6つの村には世界的に有名な
格付けシャトー（Crus Classés）が集中していて、
とくにPauillac《ポイヤック》、Saint-Estèphe《サンテステーフ》、Saint Julien《サンジュリアン》地方のワインがお気に入り。

- Saint-Émilion　サン＝テミリオン
- Pomerol　ポムロール
- Graves　グラーヴ
- Bordeaux Supérieur　ボルドー・シュペリュール

繊細でエレガント

Bourgogne　ブルゴーニュ

- Chablis　シャブリ
- Pommard　ポマール
- Gevrey-Chambertin
  ジュヴレ＝シャンベルタン
- Meursault　ムルソー
- Beaune　ボーヌ

さわやか

Loire　ロワール

- Sancerre　サンセール
- Chinon　シノン

すっきりしてフルーティ

Alsace　アルザス

スパイシーで男性的

Côtes du Rhône
コート デュ ローヌ

- Chateauneuf-du-pape
  シャトーヌフ＝デュ＝パプ
- Côte Rôtie　コート・ロティ
- Condrieu　コンドリュー

泡のマジック

Champagne　シャンパーニュ

ときにはヘンな顔をして
大笑いもいいわね

大人の遊び

あなたは遊んでいますか？　もし答えがノンなら、もっともっと遊びましょう！

フランス人は遊ぶのは大好き。でもフランス語では大人が「遊ぶ」という言葉はありません。英語の『Play』に当たるフランス語『jouer』は子どもの遊びだけを示します。けれどフランス人はよく遊びます。大人になっても自分の中に小さな子どもがいることをいつまでも忘れません。たとえば音楽を聴いて突然踊りだしたり、みんなで歌を歌ったり、みんなでヘン顔をしてみたり、無邪気に楽しみます。お酒が入っているときは男女の駆け引きを楽しむこともありますが、ただ目が合うだけで心をときめかせたり、はしゃぎたくなったり、根は少年少女。

フランスに帰ると「日本人って仕事ばっかりしてるんだろう？」と、聞かれることがあります。でもわたしは日本人もよく遊んでいると思います。ビジネスマンたちは居酒屋でワイワイと楽しそう。でもお酒が入らないと自分を解放できないのはちょっと残念。日本だと、お酒を飲むと「無礼講」になれるみたい。でもフランス人にとってお酒は楽しい夜を演出するためのもの。

わたしも先日、日本でのあるパーティの後、久しぶりにカラオケに行ってきました。年齢性別関係なく盛り上がれるのがカラオケのいいところ。日ごろの忙しさから抜け出して、こういった息抜きの時間をもうけることはとても大事です。

好きなアーティストのライブや、応援しているチームのスポーツ観戦に出かけて大騒ぎしたり、自分がバンドをやったり、スポーツのチームに所属したり。子どものような笑顔になれる時間と場所があるのはとても幸せなこと。

遊んでいるのはビジネスマンだけじゃない。最近は『女子会』なるものも増え、ランチタイムを楽しむ奥さま方も多いよう。日ごろのストレスを、おいしいランチとおしゃべりで発散させている。でも女性ももっと、夜遊びを楽しんでもいいのでは、と、わたしは思います。

働いている女性だってそう。日本の場合、仕事が終わって一度家に帰って着替えて……という時間はないでしょうから、ちょっとメイクや香水を変えてみるとか、大きめのアクセサリーをつけて、夜の街に繰り出してみたら？　その方が日常を忘れて心から楽しむことができるから。それに、機会があったら女性だけじゃなくて男性も一緒に、できればいろいろな世代の人との集まりにも出かけて、世界を広げてみて。

飲み会とか女子会、とあらかじめ決まっていると楽しめる日本人。でも、突然の遊びが下手。そこがフランス人と違うところ。

その場の気分で突然「今から海に行こう！」と盛り上がって出かけてしまったっていいじゃない？「疲れてるから」「明日も仕事だから」「家族が待っているから」。そんなことを考えずに、ただ楽しんでみる。そういうこともときには必要。

忙しくても……いえ、忙しいからこそ、遊ぶ時間を確保しましょう。自分の中にある無邪気な子どもを忘れないで！

女だって
セックスしたいのよ

欲求はストレートに伝える

アメリカ人の歌手、グレイス・ジョーンズはインタビューで「日曜日は何をしていますか?」と聞かれ「メイクラヴ」と答えました。なんてストレートな答えでしょう!　でも、休日にパートナーとずっとベッドの中で過ごせるなんてとても幸せなこと。

だってパートナーに触れていられて、お互いが気持ちよくて幸せになれて、情熱的に盛り上がることもできて、リラックスすることもできる。「これより素敵なことがどこにあるの?」と言ってもいいぐらい。そもそも好きな人と一緒にいること自体が気持ちいいでしょう?

日本で堂々とこういうことを言うと驚かれることがあります。女性から口にするのはためらわれるのでしょうか。ここ数年は女性誌でセックス特集が組まれるようにもなってきましたが、日本にはまだ、セックスに対して女性は受け身であるべきという考え方が根付いているのでしょうか。

それともうひとつ。日本人女性と話していてよく耳にするのが「もう年だから」という言葉。「男性の前で自分の身体を見せるなんて考えられない」なんて言うのです。

でもけっしてそんなことはありません。何度も言うようですが、年齢を重ねたからこその魅力があるのです。たしかに日本人男性は若い女性が好き。だけどそれがどうしたの？　年齢を重ねた女性の魅力がわからない男なんてこっちからお断り！　あなたはまだまだ魅力がある。自信を持って。

女性がセックスが好きでどこがおかしいの？

一般に、男性は十代後半に性欲のピークを迎え、女性は四十代前後から性欲が増してくるそうです。大人の女性がセックスをしたくなるのは自然なこと。パートナーには「したい」という気持ちや「こうして欲しい」という欲求を素直に伝えるべき。したいと思ったらパートナーにシグナルを出せばいい。たとえば「んー」と唇をつきだしてキスをせがんだり、後ろから抱きついてみたり。二人のサインを決めておくといいかも。素直に伝えられるからこそ、あなたのパートナーなのですから。

フランス人の年間セックス回数が日本の二倍だということは別の本にも書きましたが、フランスはカトリック教国。ラブホテルはありません。ラブホテルがこんなに多いのは日本だけではないでしょうか。場所はたくさんあるのにセックス回数は少ない。なんとも矛盾しています。

ところで、セックスの回数が多いフランス人だからこそ、長くつきあっているとマンネリになるのはあたりまえ。マンネリ解消のためにも、ベッドルームはライティングを工夫したり、アロマオイルの香りで満たしたり、お互いにマッサージをしあったりして、官能的なムードを高めます。たまにはベッドルームではなく、キッチンやバスルームで愛し合うのも新鮮。森や海、自然の中もいいし……。わたしも刺激的なのは大好きです。夜だけでなく、朝。仕事の前もいい。夜疲れてすぐに眠ってしまわないために、シエスタ（昼寝）もおすすめ。

L'amant（ラマン＝愛人）を持つことも悪いことではないと思う。ラマンとだけつきあっているパリジェンヌもいます。どう違うかというと、カップル社会、フランスにおいては、オフィシャルなパートナーはパーティやレストランなどに一緒に出かける。でもラマンは公な関係ではなくあくまでもライト。お互いの私生活に干渉したり嫉妬をしたりしないし、そのときの楽しさを分かち合います。

もちろんパートナーと心も身体も満たされるなら最高。でも必ずしもそうとは限らない。満たされない欲求をもんもんと抱えるくらいならラマンとメイクラブを楽しんだ方がいい。人間の本能として、セックスでエクスタシーを感じたいという欲求はあって当然なこと。

ラマンの存在があることで、充実した日々を送ることができるなら、それは素晴らしいこと。自分らしく自由に生きることを望むパリジェンヌだからこそ、かたちにはこだわらない。自分が幸せならいいのであって（もちろん、他人に迷惑をかけていないことが前提ですが）、それは周囲が判断することではなく自分が判断すること。

いいセックスをするのは、食事と同じぐらい人間にとって必要なこと。日常生活にうまく取り入れて、何歳になっても充実したセックスライフを送れるといいのですが。

自分が決めた人生を
引き受ける覚悟

自分への責任

あなたの人生は誰が決めているの？　あなたの人生を決めているのはあなた自身。わたしの人生はわたしが決めている。はっきりとそう言うことができます。でも……。

「ドラは自分のことしか考えなくていいからいいよね」

そんなふうに言われることがよくあります。

けれど、好きなことだけをすることと、自分のためだけに生きることとは違います。自分のためだけに生きるのはエゴイスト、セルフィッシュ。悪ぶってわざとわがままに、滅茶苦茶なことをしている人がいますが、そういうのは大人の生き方とは言えません。

わたしはわがままで自由。でもきちんと自分に責任は持っています。あたりまえのことですが、一度受けた仕事を途中で放り出したりはしません。すべてにおいて決めるのは自分。責任の所在も自分。失敗したらすべて自分に返ってくる。そう思っています。だからこそ納得のいかないことがあったら徹底的に話し合い、自分の意見をはっきり言います。最終的な決断は自分がするので、人のせいにはしません。

自分の人生に責任を持っているからこそ、いろいろなことにチャレンジをしてきました。人から批判されても自分のライフスタイルに自信を持つことが大事です。自分の信念さえあれば、他人に批判されても自分の生き方を貫くことができます。

親のため、夫のため、子どものために自分を犠牲にしてきた。でも、判断を人任せにしている方が、自分の人生に対して無責任。自分が幸せであって初めて、周りにいる家族たちや仕事仲間を幸せにしてあげることができるのではないでしょうか。

わたしの友人で、アメリカと日本を行き来している日本人男性がいますが、彼に行動の基準を聞くと「後悔しないこと」と言っていました。「これをやらなかったら悔いが残る」。そう思ったら必ず実行に移すと言います。

わたしも彼の意見に大賛成。後悔ばかりが残る人生にしてはもったいない。人生はたった一度。自分らしく、自分の納得した人生を生きればいい。やりたいことがあるのなら、ぜひ一歩を踏み出してみて！

フランス人は家も車も
シェアして楽しむ

お金がなくても好きなことをする

パリジェンヌは生活上手。なるべくお金を使わずに心地よく暮らしたいと、いつも頭をフル回転させています。たとえば服や家具を蚤の市で買ったり、リサイクルしたり、友だちと交換したりと、節約生活を楽しんでいます。出かけるときのメイクはデパートの化粧品売り場でやってもらうことも。美容学校でカットモデルを募集していたら、積極的に利用します。

わたしは日本にいるときは百円ショップをよくのぞいてみます。お手軽なバスグッズや可愛い文房具が見つかることもあって、そんなときはとても得した気分に。

フランス人はヴァカンスにたっぷりとお金をかけると思われているかもしれませんが、けっしてそんなことはありません。わたしは郊外にある父親の別荘で、何もせずゆっくり過ごすことが多いです。ヴァカンスのない人生なんて考えられないフランス人にとっては、どこで過ごすかは大切。毎年長期間に渡って過ごすのですから、宿泊費を払うことを考えると、別荘を購入するのはそう高い買い物ではありません。

今年は父と妹家族で別荘に集まり、バーベキューなどをしてのんびりと過ごしました。妹のミレーユとの小旅行は、「わたしがイタリアにいないときはぜひナポナのアパートを使って！」と前々から言われていたイタリア人の友だちの家で過ごしました。旧市街地のスパッカ・ナポリにも近くて、とてもいい場所。友だちに感謝！　日本人は「遊びに来てね」と言われても「悪いから」と遠慮しがち。せっかく声をかけてもらったのなら訪ねてみればいいのに。わたしはそう思います。

国外に旅行に行く場合、ハウスエクスチェンジのシステムを使ってヴァカンスを楽しむ人も。「Couch Surfing（カウチサーフィン）」や「Airbnb（エアビーアンドビー）」という旅人と現地の人が宿泊＆交流できるサービスもあります。家の中を丸ごと使えるので、ホテルの部屋にいるよりも快適だとか。

ハウスエクスチェンジだけではなく、フランスではハウスシェアリングのケースも多い。家賃の高いパリでは、あまりお金に余裕がなく、高い家賃の払えない学生が、ひとり暮らしの高齢者とハウスシェアというケースもあります。ＮＰＯや企業が仲介機関となり、事前に高齢者と学生それぞれについて調査し、相性がいいかどうか、細かくチェックしています。安く暮らすことにさまざまなシステムを利用するのはフランス人ならでは。

車もそう。パリでは二〇〇七年に自転車のシェアリングサービス「Vélib（ヴェリブ）」が始まりました。二〇一二年からはカーシェアリングサービス「Autolib（オートリブ）」が注目されています。市内のステーションで乗り捨てができ、レンタカーよりも気軽です。環境のため、そして自由な移動のための選択肢として、パリ市が助成し、運営しています。

週末しか車を使わない人の車は、平日は車庫で眠っています。だったら平日に車を必要とする人と共有したほうがいい。カーシェアリングはそういった発想から生まれたシステムです。それぞれ料金は「時間料＋走行距離」で計算されます。

「BlaBlaCar（ブラブラカー）」という、ヨーロッパ国内を移動する現地の人の車に、事前に連絡をして有料で乗せてもらうサービスもあります。「BlaBla」というのは「ぺちゃくちゃしゃべる」という意味です。フランス人は何かのシステムを利用して安く済ませられないか、常に考えています。

日本人は何かを始めるときに新しいものを揃える傾向があります。たとえば山に行くとなると、スポーツショップでリュック、ウェア、登山靴、そのほかにさまざまなグッズを揃えます。山登りの素人なのに、グッズだけは一人前。

スキーにしてもそう。上から下までスポーツブランドの新品で決めているのに、いざ滑ってみるとへっぴり腰もいいところ。フランス人の友だちには、そんな日本人の姿が理解できないようです。

何かを始めるときにまず格好から入るという人がいたら、できるだけお金をかけない方法があるかどうか頭を働かせ、工夫してみることが必要かも。だってそうしたら、予算をもっと有効に使えるでしょう？

Chapitre 2

好きな人といる

人を喜ばせるのには
笑顔、笑顔、笑顔！

エネルギーの交換

「Bonjour ça va?（ボンジュール、サヴァ）」

人と会うとき、わたしは最初に笑顔で声をかけます。日本語で言うと「こんにちは、元気？」。フランス人からは「Oui, ça va!（ウィ、サヴァ）」と答えが返ってきますが、日本人だと最初はちょっと戸惑った顔をされることも。でも会う回数を重ねるうちにわたしの挨拶に慣れてきて、笑顔を返してくれるようになります。その場がパッと明るい雰囲気になります。

わたしは自分のことを強い人間だと思っています。フランスと日本を中心に、一年中いろいろな国を行ったり来たりしていますが、出会う人たちにエネルギーをあげたい。だからみんなが笑顔になると、とても嬉しい。そう、わたしは人を喜ばせるのが大好き。

わたしは自由に生きているし、周りの人にも勧めていますが、自己中心的な生き方をしようと言っているわけではありません。自分だけではなく、周りの人の心地よさも尊重してあげなくてはならない。だからこそ、自分が幸せなエネルギーを発していたいと思うのです。

恋人に対してもそう。彼がどんな生き方が心地いいのか、ちゃんと理解する。彼が彼らしくいるためにはどういう時間が必要なのか。大人の女性なのだから、きちんと理解し、尊重する。仕事や趣味に費やす時間を邪魔したりはしない。お互いに一人の時間を充実させる。甘えるのも大切だけど、依存はしない。

仕事仲間や友人たちにも同じこと。一緒にいるときは笑顔で楽しく。自分の意見を押しつけたり、必要以上に干渉したりはしない。でも相手が困っていたら、相談に乗ったり、手を貸したりは惜しまない。具合が悪そうにしていたら声をかける。あたりまえのことなのですが、意外にできていない人が多い。

フランス人はよく人を褒めます。平凡な言葉ではなく、エスプリの利いた自分流の褒め言葉を使いたいと考え、次々と言葉を繰り出します。

わたしの場合、仕事関係の人に「この前はいい紹介記事を書いてくれてありがとう」と、感謝の言葉を伝えたり、素敵な着こなしをしている人がいたら「その服とてもいいわ。わたしも大好き」と、褒め言葉を口にします。

思ったことをすぐ口にするフランス人は、はっきりものを言うので、冷たい印象もあるよう。でもそうじゃない。正直に自分の気持ちを言葉にしているだけ。目が合ったら挨拶する、笑顔を見せる、そして素敵だったら褒める。わたしたちには幼い頃から身についていることなの。

素直に心を開くことでお互いが笑顔になれたら気持ちがいい。笑顔には人を元気にするエネルギーがある。恋人同士だってそう。うまくいっていないときは、お互いに相手の前で笑顔になれていないとき。ふたりで心から笑えていれば、そのカップルは幸せ。

友だち同士もそう。お互いにユーモアを持ち、ちょっとしたエスプリとユーモアの利いた会話でお互いを笑わせたいもの。日本語だと「茶目っ気」というのでしょうか。話すときは表情豊かに身振りも添えて。そしてもちろん、相手の目を見てにっこりと笑顔になれたらいい。

フランス人はサプライズ好きなので、自分の恋人に対してはもちろん、友だちにも突然の電話をかけたり手紙を書いてみたり。いたずら心と茶目っ気を忘れていません。

大人だからこそ、ときどき子どもっぽいことをしてみる。そのあたりのバランスを取るのがうまいのかもしれないわ。

人を喜ばせるといえばもうひとつ。わたしの役割はフランスと日本の架け橋となること。そして人と人の架け橋になること。わたしはよく友だちに友だちを紹介します。仕事上ではもちろん、パーティ会場などでもそう。日本人の友だらがフランスで日本のイベントをするときは現地の友だちを紹介したり、その逆もあります。紹介した人たちがものすごく気が合って、一緒に食事をしたり旅行に行くほど仲良くなることも。「なんでわたしも誘ってくれないの?」と、ちょっとやきもちをやいてしまうこともありますが(笑)、とても喜ばしいことです。

一緒にいたいか、いたくないか、
それだけ

ノン・メルシーと断る勇気

もし、突然「あと余命一年です」と宣告されたら。一日たりとも無駄なことなどしている場合じゃない。本当に会いたい人に会って、一緒にいたい人といる。これまでやりたかったことを実現させる。そうじゃない？

わたしはマハトマ・ガンジーの『明日死ぬかのように生きよ。永遠に生きるかのように学べ』という格言が大好き。その言葉通り「将来のため」「老後のため」といった生き方ではなく「明日死んでも後悔しないように」生きています。

限りある人生。一緒にいて楽しくない人と会ったり、やりたくないことをするほど無駄なことはありません。

「行きたくないけど、みんなが行くから」

「あの人のこと嫌いだけど、断れなくて」

そんなことを言う日本人の多いこと！　どうしてはっきり言えないのだろうと、わたしは常々不思議に思っています。

日本人は断るのがとても下手。フランス語では断るときは「Non merci（ノン、メルシー）」。このひとことで自分の意志を伝えられます。日本語だと「けっこうです」

という言葉が一番近いかしら。そういえばわたしは日本に来たばかりの頃「けっこうです」は肯定か否定か、よくわかりませんでした。たとえばコーヒーポットから自分の分を注ごうとしたとき。隣の人にも「飲みます？」と聞いてみる。そうすると「けっこうです」という答えが。それは、いるの、いらないの、どっち？　日本流のマナーは難しい！　もっとシンプルにして！　と、思ったわ。

誘われたときにすぐに断れないのは日本人の優しさ。と同時に優柔不断なところ。きっぱり断ればいいのに「行きたいんだけど、仕事が忙しくて、まだ予定がよくわからなくて……」と、とにかく言い訳をする。でも行きたくなかったら「わたしは行かないわ、誘ってくれてありがとう」でいいと思います。

嫌いな人と会って時間を使うなら、好きな人といるための時間を増やすべき。仕事が忙しすぎるのもよくないし、退社後まで会社の上司や同僚と飲みに行ったり仕事のつきあいだらけ。

それよりも早く切り上げて家族の待つ家に帰ったり、恋人と待ち合わせしたり、友だちと会ったり。その方がずっと有意義な時間の過ごしかたなのに。せっかくの自分の人生、時間がもったいないと思わないの？

そんなに友だちの数を
増やしたい？

SNSの友だち

ここ数年、SNS、ウェブ、電子メールで人間関係は大きく変化しました。常に誰かとつながることができ、情報を共有することができます。また、長い間連絡が取れなかった人とインターネットを通じて再会することもできます。その人とつながった一瞬は「わあ、懐かしい！」と心も弾むのですが、インターネットを再会の場所にして、その世界に没頭するのはどうかしら。

懐かしくて、心が温かくなることもあるけれど、世界は狭くなります。昔（それも、小中学校の友だちだとしたら、いったい何十年前のこと？）から知っている人とだけの世界だからです。あまり発展性がありません。

あるSNSの場合、友だちを増やすことだけを目的にやたらと昔の友だちに連絡して友だち申請をしている人も。学生時代の仲間、以前のアルバイト先の仲間、元職場での仲間、以前の……。と、過去ばかり。

友だちの数を増やすことも大切かもしれないけれど、本当の友人になれますか？　そこから新たな何かが始まりますか？　昔の知り合いから連絡をもらっても、自分にとって意味がないケースも多々あります。

「いつかまた会えたら」と、社交辞令だけの関係になるパターンがほとんど。

わたしは人生における時間は有限で、なるべく無駄にしたくないと思って生きています。自分が生きていくことにプラスにならないこととは関わりたくないと考えます。学生時代の友だちだってもちろん大事。でも、学生の頃のわたしと今のわたしは違う。過去との関係をどのくらい維持するか。現在とのバランスをどうとるか。それが問題。バーチャルの世界に執着すると、今ここにいる自分を見失いがちです。

それに、チェックに時間をかけすぎ！　ご飯を食べるときにいちいち写真を撮ってアップする人も多い。料理が出てきたらすぐ食べた方がいいのに。アップしているうちに美味しい料理が冷めてしまうわ。

ひとりのときならまだしも、目の前に友だちや恋人がいるのにチェックしている人がいますが、信じられません。ティーンエイジャーの姪と甥もそう。ナイフとフォーク、そしてスマホと、食事中に慌ただしいったらありません。これからの世代は人づきあいの形態も変わっていくのでしょうか。

目の前の人を大切にしなくてどうするの？　目の前にいる人は不快な思いをしてい

ないの？　ひどいときは、ふたりで食事をしているのにお互いに携帯に夢中。そんなカップルもいるのでびっくりです。

あと「いいね！」を押したり、コメントしたりしなくてはという呪縛にかられている人の多いこと。自分が心からコメントしたいのならいいのですが、義務のようにしている人は、なんて時間の無駄遣いをしているのだろうと思います。

現代社会においては、もちろんＳＮＳが果たす役割は大きい。便利さも可能性も広がり、発信し続けることで世界中とつながることもできます。わたしのように各国で仕事をしている人間にとっては、たいへん便利なツール。わたしは仕事上のインフォメーションはFacebookで発信しています（みなさん、ぜひチェックしてください！）。でも、自分の生活にどこまでＳＮＳを取り入れるかが問題。ＳＮＳに振り回されてはダメ。わたしはけっして反対派ではありません。でも、メリット・デメリットをじゅうぶんに考え、日常生活にバランス良く取り入れて欲しい。使う時間を決めるのもいいと思います。

よく考えてみて。わたしの学生時代の連絡手段は手紙、電話でした。手紙には言葉の重さ、情緒がありました。書く時間も、返事を待つ時間も、気持ちが高まったわ。

わたしたちはもともとＳＮＳに振り回されない世代よ（笑）。自分の目的に合わせて賢く使わなくては。「みんながやっているから」？　「早く返事をしないといけないから」？　そんなことはありません。なぜ他人の目を気にするのでしょう。「自分は自分」。そんなにしょっちゅう誰かとつながっていなくても大丈夫。自信を持ち、あなたのペースでＳＮＳを利用しましょう。

携帯やパソコンの画面を見つめるだけではなくて、顔を上げて自分の周りをよく見てください。

画面の中ではなく、あなた自身の目で現実の世界を見ること。携帯やパソコンの中の友人知人とつながっているだけでなく、直に顔を見て話をすることで、いい関係が築けるのです。

人生のアップデートをしてる?

新しい出会い

わたしは常に新しい出会いにワクワクしています。新しい仕事を始めるときはもちろん刺激的な出会いがあります。カフェに行って隣のテーブルの人と話がはずむこともあるし、新幹線や飛行機に長時間乗っていて、隣の席の人と仲良くなることも。ふらりと出かけた散歩で寄ったお店の人と言葉を交わすのも楽しい出会いです。

「ドラはいい人との出会いが多いし、その人と仲良くなるのも早いね」とよく言われますが、それはわたしがいつも心を開いているから。そして、心と同時に頭の中にもいつも新しい出会いを受け入れるスペースを持つようにしています。自分が幸せでいると自然と心や頭が開き、同じエネルギーを持つ人と出会えるようです。

わたしは二十代の前半に、フランス政府の奨学金をもらって日本に滞在することになりました。当時はアジアの国々にはとくに関心がなく、挨拶程度の日本語しかわからないまま来日。数か月の滞在で帰国する予定でした。前の章でも書きましたが、ホームステイ先の家族に勧められてNHKテレビにフランス語会話の講師をやってみたいと連絡。そこからどんどん出会いの輪が広がっていきました。偶然の出会いもあり、幸運な出会いもあり……。そして今に至るのです。日本に初めて来た頃には、自分が神楽坂に部屋を借りるようになるなんて想像もしていませんでした。人生は出会いの積み重ねで変わっていきます。あなたの数年後だってどうなっているかわからない。どう？　ワクワクすると思わない？

最近新しい出会いがないのなら、積極的に習い事をしたり、スポーツを始めるなど、自分から行動を起こしてみては？　アクションしてみて初めて、世界は広がっていきます。同じ趣味を持つ人、同じジムに通う人などは親しくなる可能性が高い。わたしが教えているフランス語講座でも、生徒さん同士が仲良くなって、とてもいい雰囲気。

行動を起こすといえば、世界情勢にもっと関心を持つことも重要。フランスでは学生時代から、世界の医療団（Médecins du Monde ＝ MdM）や国境なき医師団（Médecins Sans Frontières ＝ MSF）などの国際ボランティア活動に参加する人が多い。同じ志を持つ仲間と出会える、貴重な体験です。

新しい出会いを本物のいい関係に発展させるのはあなたの魅力次第。あなたが自分に自信を持って生きていれば、自然と周りにもそういう人が集まってくるわ。

結婚がすべてじゃない

結婚に縛られない

これまでもさまざまな場所で語ってきましたが、日本とフランスとの顕著な違いといえば結婚についての考え方。

フランスは一九六〇年代終わりまで、とても保守的な社会でした。一九六八年の五月革命を経て七〇年代から、女性の運動によりそれらが大きく変化しました。女性が社会に出るようになり、経済的に自立し、家庭に縛られる理由がなくなったのです。

その結果、結婚という形態にこだわるカップルが減っていきました。日本では夫婦のかたちが決まっていますが、フランスではいろいろな選択肢があります。

・同棲
・パックス（PACS：民事連帯契約。パートナーとの共同生活において、結婚と同じだけの権利を得られるフランス独特の制度）
・再婚
・複合家族

なにしろオランド現大統領も、政治家のパートナーとの間に四人の子どもがいましたが、結婚はせず事実婚関係でした。解消後にジャーナリストの女性と結婚はせずに民事連帯契約「パックス」を結びましたが、その後、女優と不倫疑惑が報じられて関係を解消しています。

日本は政治家のスキャンダルには厳しいので許されないことではないでしょうか。フランスでは公の人であっても、プライベートは別問題。いちいち騒ぎ立てる人もいません。そのあたりも自由の国、フランスならではかもしれません。

フランスでは男女関係におけるプライオリティは、形式ではなく愛情があるかどうか。セックスレスになったら、関係を解消します。お互いのことを異性として見られなくなったのなら、一緒にいることはありません。相手の地位や給料、学歴などはあまり重要視されません。一緒にいて幸せと感じるかが優先されます。

「一度結婚したのだから添い遂げなくては」「子どものためには別れられない」「安定した生活を続けるにはがまんしよう」

そんなふうに考える人はほとんどいません。

日本は先進国なのに、結婚の制度は昔から変わらず、保守的です。離婚したくても家族や周りの目があるから、と、とらわれている人が多いよう。考え方だけが発展途上国。フランス人は個人の幸せが一番大事だと考えます。その人が幸せならそれでいい。家族でも干渉はしないケースがほとんどです。常識にとらわれず、プレッシャーに押しつぶされず、自分で決めることが大切。結婚生活を継続するか、終わりにするかは、あくまでも自分の気持ちが優先されます。

フランスの女性にとっては、男性が自分をどんなふうに愛してくれるか、愛されていると実感させてくれるか。そのうえで、これからふたりでやっていく可能性がどれだけあるのか。それが大事なのです。

日本にいると社会・メディア・両親のプレッシャーを感じている人が多いなあと、つくづく感じます。「いい年して結婚しないなんて」と親に言われたり、「きみはまだ結婚しないのかね」と上司に言われたり。あるいは「こんなに長くつきあっているのにどうしてプロポーズしてくれないの?」と恋人にプレッシャーをかけたり。「婚活中です」と自己紹介の場で堂々と言う人がいたり。

わたしも「ドラはどうして結婚しないの?」「結婚する予定はないの?」と聞かれ

ることがあります。そんなときわたしは「わたしは自由と結婚しているのよ」と冗談交じりに答えることがあります。

「ひとりだと不安はない？」。そんな声もよく聞きますが、わたしは孤独を恐れてはいません。ひとり暮らしとひとりの時間がわたしには不可欠。恋人と同棲した時期もありますが、そのときもお互いのアパートを行ったり来たりするかたちをとりました。わたしの部屋、彼の部屋、と、週三日ずつ過ごし、残りの一日はお互いひとりの時間を過ごしました。一緒にいることがあたりまえになるよりは、「会いたい」という情熱を持ち続けていたいと考えているの。

「独身だと老後はどうするの？」。でもわたしはあまり先のことは考えず、今の気持ちに正直に生きています。幼い頃から、いつかは外国で暮らしてみたいと夢見るなど、好奇心と自立心が人一倍旺盛だったわたし。自由でいたいわたしが「将来のことを考えて」結婚するなんて相手にも失礼。今はとりあえず、結婚していないことに対する不安なんてないの。

友だちに年齢は関係ない

女友だちのこと

わたしは以前、女友だちを積極的に作ろうとしていませんでした。女性同士だと友だちとはいってもそこに嫉妬心やライバル心が芽生えるので、面倒だと考えていた。

日本に住むようになってからは、女友だちが増えました。日本人は男女、年齢関係なく、困ったときに助けてくれる人、親身になってくれる人がたくさんいました。仕事仲間や、大学や語学教室の生徒たちの中で、気が合った人たちと楽しくつきあっています。日本の友だちとは国籍も年齢も職業もばらばらなので、わたしにはとても気が楽。生き方、考え方の違う人ほど興味深いのでとても刺激的。内面が豊かになり、自分のひきだしが増えていきます。

日本人だと女性同士、それも同世代のグループが多いみたい。女性同士で、しかも同世代で境遇が似ている方が居心地良いと感じるのかしら。同じ学校、会社のつながりも大事にしているようで、友だちは学生時代の友だち、飲みに行くのは会社の人。女の人の場合、出産してからはママ友とグループになったり。そういう傾向が強い。でも、女子会ばかりしているのはあまり発展的ではないし、旅行もいつも女同士のグループで、というのは不自然。

フランス人は日本人に比べると「同窓会」をあまり開きません。年齢と関係なく友だちを作ることが大事だと考えていますし、そもそも年齢をあまり気にしません。日本では「ドラ、何年生まれなの？」「じゃあ同じ年だね！」と、同じ年齢だとわかると急に親し気に話しかけてきます。それもわたしにとっては不思議なこと。出身地や出身大学が一緒でも盛り上がるようですが、年齢、性別、職業などに関係なく、友だちはできます。これはフランス人全般に言えること。その人の本質と向きあいたい、お互いの考え方を話し合いたい。フランス人はそう考えています。

自由に、自分が幸せに生きていれば、そんな自分を好きになってくれる人たちが集まってくる。

わたし自身も、惹かれるのは自分に正直に、幸せそうに生きている人。性別、年齢と関係のない友情の輪にいることが、わたしにはとても心地いいのです。

恋の悩みは
男友だちに聞くのが一番

男友だちのこと

わたしには男友だちがたくさんいます。ほかの章でも書きましたが、フランス語講座の生徒で自分の父親ほどの男性と仲良くなったり、大学で教えていた頃は自分よりずっと若い学生たちと親しくなったり。

でも、わたしが日本で男性と歩いていたり食事をしていたりすると、すぐに「ドラの恋人なの？」と聞いてくる。「友だちよ」と言っても信じてもらえないことも。わたしにとっては男友だちと行動することは自然なことなのですが……。何かおかしいかしら？

パーティなどに行くときもそう。年齢の違う男友だちを連れていくと、とても驚かれます。とくに世間でいう〝偉い人〟だったりすると、さらにみんなが「あれは誰？」「どういう関係なの？」と、質問攻め。わたしとしては友だちなのですが、違和感があるのでしょうか。

わたしは討論をすることが好き。社会情勢について熱い意見を交わし合えるのはやはり男性。サッカー、自転車競技など、わたしが個人的に大好きなスポーツについて深い話もできて楽しいのです。

以前、ホームパーティを開いたとき、親しい友人を集めたら、八割が男性だったことも！　「ねえドラ、女の子はどこ?」「女の子との出会いを楽しみにしてきたのに、男ばかりだよ」と、招待した男友だちは苦笑い。それからは反省して、パーティを開くときはリストを作って男女のバランスを取るように心掛けているわ（笑）。

男友だちは女友だちのように競争心を抱くことがないので、とても気楽。恋愛相談をする場合も女友だちによりも男友だちにすることが多いかもしれないわ。だって恋愛相談というのは恋人の気持ちがわからないから悩むもの。男性に聞いた方が参考になる答えをもらうことができる。

恋愛相談に限らず、さまざまな問題について男友だちと意見を交わすことはとても楽しい時間。男と女は考え方が違うのね、と、ハッとすることも。男と女は根本では理解し合えない生き物。だからこそ面白い。仕事でアイディアが欲しいときも、男友だちの意見が参考になることがあります。

友だちとはいえ男と女。一緒に歩けばドアを開けてもらえたり、足場の悪いところでは手を貸してもらえたり、力仕事をお願いできたり。お互いに好意があるからこそいい関係を築いているわけですし、少しだけ「友だち以上」という面もあります。

ときおり問題なのが、どちらかが恋愛感情を持ってしまうこと。わたしはめったに友情が恋愛感情に変わることはないのですが……。男友だちから愛を告白されてしまうと問題が複雑になります。

そうなってしまった場合、話し合ってまた元の関係に戻ることもありますし、こちらが会いたくなくなってしまったら残念ながらその友だちとは終わりになってしまいます。終わり方も大切です。必要以上に傷つけあわずに離れていけば、何年か経った頃、また元の友だちに戻れるかもしれません。男女問わず、大切なのは信頼関係。そしてお互いの関係性において「自由」を尊重し合えること。

突然電話がかかってきて、あるいはこちらがかけて「今から会わない？」と、誘い合って、カフェで議論をして「じゃあまた時間のあるときに！」と別れる。

気ままに、自由に、重く考えず、でもお互いを信頼しあっているし、会っている間はとびきり楽しい！　男女関係なく、そんな友だち関係を楽しんでいたいわ。

もっと心に響く挨拶を
してもいい

ハグとキス

二十年以上フランスと日本を行き来しているわたしが感じる習慣の違いといえば、ハグとキス。フランスでは、さまざまな場面で頬に四回（地方によって二回、三回のことも）ビーズ（頬にするキス）をします。

日本に来たばかりの頃は、普通にビーズをしてしまいそうになりましたが、日本人が驚いているのを見てハッとしました。ビーズの習慣がない日本人にとってはいきなり相手の顔が近づいて来たら恐怖そのもの。シャイな日本人は腰が引けてしまうのも今ではよくわかります。

たしかに、一年の半分を日本で暮らすわたしにとっても、フランス式のこの挨拶はちょっと面倒に思うことも。打ち合わせや食事会でチュッチュッ、と頬にキスをしていると、全員と挨拶をするのに時間がかかりすぎ！

「わたしは日本式なので」と、最近のわたしはフランスでもビーズは省略してしまうことも。挨拶もわたし流。自分の心地よさを優先しています。

日本の挨拶といえば、お辞儀。日本に来たばかりの頃は、ビジネスマンがぺこぺこお辞儀をしている姿に驚きました。上司や取引先の人が乗ったタクシーが見えなくなるまでずっと頭を下げているのを見たときは（しかも何人も並んで！）笑ってしまったほど！　面白いのでずっと見ていました。

日本で好きなのは、別れた後もしばらく見送ってくれること。フランス人同士だと「バイバイ」したら後はそのままお互いの方向へ。でも日本人は振り返るとまだそこにいてくれたり、電車のホームで別れたときは発車するまで見送ってくれることも。

いろいろな国に旅し、留学し、仕事をしてきたわたしですが、たいへんだと思ったのはキューバのスキンシップ。片方の頬に長くキスをするというとても濃厚な挨拶！　フランス人のわたしでも驚いたくらいなので、日本人だったら倒れてしまうかも（笑）。

とはいえ、これは愛している、愛していないには関係なく、ただの挨拶。私たちが生きているのは、対話型で国際的な世界。日本の国外にある礼儀作法をよく知り、必要なときには実践しましょう。心地よく自然にできると、自分も相手も気分がいいもの。練習するのもいいと思います。

国際的な場面で日本人は気まずそうにしているな、と感じることがよくありますので、「照れくさい」という心の壁をもう一段階、解き放ってみてはどうでしょうか。ビーズは少しハードルが高いかもしれません。でもハグは日本でも最近ではだいぶ自然になりました。

わたしはこの夏、フランスに帰ってユーロサッカー2016を観戦しましたが、フランスの試合では、得点するたびに隣の知らない人ともハグ！　決勝まで勝ち進み、このまま優勝してくれれば、テロで国内情勢が不安なフランス国民に希望を与えてくれる。誰もがそう思っていました。惜しくも準優勝でしたが、わたしたちは心をひとつにして応援しました！

ハグは嬉しいときにお互いの気持ちを伝えあう儀式。日本人もサッカーのサポーターたちは一丸となって応援していますし、選手たちもよくハグをして喜び合っています。気持ちが盛り上がったときはエンドルフィンが分泌しますし、さらにスキンシップをとることで喜びが倍増します。

嬉しいとき、悲しいとき、寂しいとき、失敗したとき……。ハグで気持ちが分かち合える。ぬくもりを感じ合える。とても大切な行為です。

挨拶における一番簡単なスキンシップといえば握手。とても重要な外交手段です。でも残念ながら日本人の多くは握手の仕方もぎこちない。わたしのフランス語の教室では、握手の仕方から練習します。

強すぎず、弱すぎず、相手の目を見て、笑顔で自然に手を握り合います。一番ダメなのがだらしなく手を出したり、汗ばんだ手を出すこと。ビジネスシーンでは、握手ひとつで人物まで判断されてしまいます。

握手の強さ・長さは経験で覚えることが一番なのですが、なかなか機会もありません。でも勇気を出して、あなたから右手を差し出してみてはどうでしょうか？

「久しぶりに会えて嬉しいわ！」と、会った瞬間に握手、「また会おうね！」のときに握手。そのうちに自然にハグへ。気持ちよくスキンシップすることで、あなたの生活により笑顔が増えるかもしれません。

気の合う仲間と楽しむための時間作り

持ち寄りパーティ

フランス人は日常的によくパーティをします。家に招くのも招かれるのも大好きで、ホームパーティはしょっちゅう。インテリアにこだわっている人は自分の家を見せたくて招待することも。インテリアのうんちくを語りだして、なかなかパーティが始まらないこともあります（笑）。料理好きの人も、自宅に友人を招いて腕をふるいます。

ただし、必ず招いた側がすべての準備をしなくてはいけないわけではありません。パーティといってもおおげさなものではなくて、基本的にはカジュアルな持ち寄りパーティスタイル。

ワイン、チーズ、デザート、果物、サラダ、ケーキ、と、それぞれ持っていくものを担当するパターンもあれば、ワインとパンとチーズだけのときも。担当を決めないサプライズパターンも。

誕生日パーティなどのときは、ベースはシャンパーニュとおつまみを一種類……サラダ、キッシュ、タルト、ケーキなどホームメイドのものを持ち寄ることが多いかしら。でも、カクテルだけの気楽なスタイルもあります。

「今日は白い服！」など、ドレスコードを決めてパーティをするのも楽しい。

わたしは日仏混合パーティをよく開きます。ワインはフランス人が持ち寄り、日本人が食べ物を持ち寄り、それぞれの文化に触れながらひとときを楽しみます。

週末に限らず、フランス人はウィークデーからパーティ!

アペリティフで軽く飲んでカジュアルスタイルで始まり、その後メニューを決めます。誰かの家に集まるだけではなく、季節がいいときには公園でピクニック。見栄を張って高い食材を揃えなくても、気の合う仲間たちとワイワイ楽しみます。

出会いの場としてもホームパーティは重要。友だちが友だちを連れてくるケースも多いので、職種や年齢関係なくいろいろな人たちが集まってきてとても刺激的です。

ホストする方もされる方も無理をせず楽しめるホームパーティ。企画してみてはいかが?

ドラのおすすめパーティメニュー

《すぐに出せる》

- ピスタチオ
- オリーブ
- 野菜のマヨネーズ

  チェリートマト、ミニ野菜、大根、きゅうり、にんじん、セロリを
  マヨネーズにつけるだけ
- キリノリ

  ドラオリジナルのフランス×日本の絶品レシピ。クリームチーズののり巻き。

《バゲットさえあれば》

- チーズの盛り合わせけ

  カマンベール、ブルーチーズ、コンテ、山羊のチーズなど、ミックスさせて
- 豚肉の盛り合わせ

  ハム、ソーセージ、サラミ、パテ、リエットなど
- ディップ

  アボカドディップ、タラモディップ、きゅうりとヨーグルトのディップなど

《メインディッシュ》

- ベーコンとチーズのキッシュ
- ほうれん草、ねぎ、サーモンのパイ
- メロンとモッツァレラチーズとパスタサラダ

《スイーツは外せない》

- ケーキ
- 甘いパイ
- フルーツ

最後に信頼できる人物は誰？

家族はすべての基本

わたしにとっての家族は父親と妹のミレーユ。小さいファミリーだけど、何ものにも代えがたい存在です。家族と一緒にいると心からリラックスできるし、自然体でいられます。

若い頃は、父親が発したひとことにカッとしてケンカになってしまうこともありました。でも今は自分自身、知恵と経験が増え、なんでも笑い飛ばせます。家族と過ごす貴重な時間にケンカしていたらもったいないわ。

ヴァカンスの期間は、家族と別荘で過ごす時間を必ず作ります。パリと東京を行ったり来たりしているわたしだからこそ、よけいに家族とのまとまった時間が必要。

とはいえ、ずっと顔を合わせているわけではないの。個人社会のフランス。同じ別荘にいても、みんなそれぞれ好きなように時間を過ごしています。ペンキ塗りをしたり、自転車の整備をしたり、読書をしたり、散歩に出かけたり。それでも家族の気配を近くに感じるだけで、日常とはまた違った時間が流れていきます。

わたしとミレーユは三歳違いのふたり姉妹。姉妹同士が仲がいいのはもちろん、ふたりとも父親とは大の仲良し。この夏も妹と小旅行を楽しみました。八十一歳になる父親とふたりで旅行をすることもあります。わたしに会いたくて父親が日本に訪ねてきたこともありましたが、そのときも小旅行に出かけました。

日本では母親と娘の絆は強いようですが、あまり父親と娘が旅行するという話は聞きません。もっと父親と娘の絆が強くなるといいのに、と思います。

フランス人は仕事を終えた男性が保育園のお迎えに行き、買い物をして家で夕飯を作ることも珍しくありません。でも日本のお父さんは子どもと一緒にいる時間が少ないように思います。

仕事で知り合った年上の方たちと話していると、日本の高度経済成長期にあたる一九七〇年代は今よりももっと会社に身を捧げていたそう。『モーレツ社員』という言葉も教えてもらいました。

「家に帰るのは毎晩子どもが寝てからだったよ」「日曜日も接待ゴルフで出かけていたし、そうでなければ疲れて寝ていたから子どもと遊んだ記憶はあまりない」などと言います。それでは父親と子どもの関係が希薄になるのはあたりまえ。

当時に比べると今の男性は『イクメン』が多い。自転車に子どもを乗せて保育園の送り迎えをしている姿もよく見ますし、休日にベビーカーを押したり、抱っこひもで子どもを抱いているお父さんも多い。とてもいい傾向だと思うわ。両親と子どもは一緒に過ごす時間が大切。そうでないとだんだんと他人のようになってしまうから。

家族と向き合う時間をとり、場所をもうける。ヴァカンスはきちんととり、子どもと一緒にゲームをする。日本では『家族サービス』と言われていますが、サービスじゃないわ。自分も心から楽しいはずだもの。

とはいえ、義理のつきあいが多くなりすぎるとたいへん。パートナーの両親や親戚とうまくいっていればいいのですが、無理をしている状態は精神的にもよくない。義理の家族とのつきあいは時間的にも距離的にも、自分の中でリミットを設けると気持ちが楽になるのでは、と思います。

家族は最後の砦。守られる場所。心から安心できる場所でありたいものです。

フランスでも日本でもそうなのですが、家族には介護の問題があります。日本では

「老老介護」という言葉もあると教えてもらいました。

高齢化社会の現代、外からのヘルプは必要不可欠。誰かひとりに負担がかかったり、社会から孤立することのないようにしなくては。今は元気な父も、もう八十歳。わたし自身も真剣に向き合わなくてはいけない課題です。

基本的に個人主義のフランス人には二世帯住宅という概念がありません。ドイツやイギリスもそう。わたしの祖母は、数年前に九十九歳で亡くなりましたが、彼女の強い希望で、最期までひとり暮らしを貫きました。目が見えなくなっても、脚が悪くなっても、頭の中はしっかりしていた祖母。自立と孤独を愛するわたしの気質は、父方の祖母から受けつがれているのかもしれません。

もちろん、家族はよく祖母の家を訪ねていました。祖母が大好きだった父親はしょっちゅう顔を出していましたし、わたしもパリにいるときはよく会いに行き、ヴィクトル・ユーゴーの詩を読むのが好きな祖母のために、朗読をしました。

フランスでは、年をとっても自分のアパルトマンでずっと暮らせるような介護のシステムが充実しています。朝夕の食事を配達してくれ、食べさせてくれますし、それとは別にお風呂やトイレの世話をしてくれる介護士も来てくれます。プライドの高いフランス人は、自分の子どもにオムツを替えさせるよりはプロにやってもらうことを望みます。

わたしの日本人の友人は親が徘徊するようになり、介護のために実家に帰りました。一年後に会ったとき、彼女は別人かと思うぐらいげっそりとやつれていました。責任感の強い彼女。一人娘だったこともあり、頑張りすぎてしまったのかもしれません。

介護が負担にならないよう、そして何より、大切な自分の親のことを疎ましく思ったりしないように、システムを上手に利用したいものです。

ペットは家族と同じ

ペットだって「人権」はある

パリの街角の風景を切り取ってみる。するとそこには必ずと言っていいほど、ペットの姿が。広場で寄り添うカップルの足元に寝そべる大型犬、買い物中のマダムに抱かれている小型犬、アパルトマンの窓辺でピンと姿勢を正し、行き交う人々を見つめている気位の高い猫。

バスにもタクシーにも乗れるし、アパルトマンなどの集合住宅では動物の飼育は禁止されていません。タクシーに乗ると、助手席に運転手さんの飼い犬が同乗していることも。日本では考えられない光景です。

ペットとの暮らしも自由に楽しめるフランス人。

わたしも以前、大型犬を飼っていました。コリーとベルギーシェパードのミックスで、アイラインを引いたかのような目元が特徴的でとてもハンサム。彼と一緒にセーヌ川沿いを散歩するのはとても楽しいひとときでした。すれ違うときに声をかけられることも多かったし、飼い主同士で仲良くなったり。わたしは恋にまで発展するような出会いはありませんでしたが、ときには犬の散歩がきっかけでカップルが誕生することもあるのだとか。

飼育数が多いので、以前は犬の排泄物に悩まされたパリの街。「左足で踏んだら今日はラッキーデー！」と、無理やり笑って済ますしかなかったぐらい。でも今は犬の排泄物の不始末への罰金が値上がり。それ以降は始末する飼い主が多くなり、街を歩きやすくなりました。

最近、日本は猫ブームだと聞きます。何年か前には小型犬ブームがあり、家の中で飼うケースが多いよう。でも、手軽に飼えるようになった分、身勝手な飼い主に見放されてしまうペットも増えたのではないでしょうか。

日本は保健所に保護された犬猫は殺処分になってしまうと聞いたとき、わたしは激しいショックを受けました。フランスでも、飼い主との死別や子どものアレルギー問題などで、可愛がっていたペットが行き場を失くしてしまうこともあるし、ヴァカンスで捨てられてしまうペットもいます。けれど、そんなペットたちを保護し、新しい飼い主を探してくれる団体がいくつかあります。「人権」という概念の発祥地であり、その概念をとても重んじるフランス。動物愛護の精神もとても強い。

フランスでは犬や猫をショップで購入するのではなく、インターネットなどを利用したり、保護されている動物を引き取ることが基本。犬猫に対するマイクロチップ導入を義務付ける法律もあります。以前はタトゥーでしたが、タトゥー済みの動物も新たにチップを埋め込まなければいけません。この制度のおかげで捨て犬や捨て猫がだいぶ減っているのではないでしょうか。

人間の身勝手で犬や猫が処分されるなんて許せません。だってペットは家族の一員。一度家に迎えたら、最期まで一緒にいるのがあたりまえでしょう？　日本ももっと罰則を厳しくすべきでは？

わたしの友人で、亡くなった女優の川島なお美さんは大の犬好きで知られていました。なお美の夫はパティシエの鎧塚俊彦氏。なお美の一周忌に、彼女が大事にしていたシャトーマルゴーなどのワインをチャリティに出品。なお美が目指していた『二〇二〇年までに犬、猫の殺処分ゼロを目指す！』運動に寄付するのだとか。なお美の遺志に、わたしも共感しています。

オリジナリティのある人が
人を惹きつける

自分を高めてくれる人

自分が一緒にいて心地よくない人といる時間はもったいない。そう思いませんか？愚痴や悪口を言うような人といるなんて人生の時間の無駄。表面的には仲良くしているのに、裏ではその人の悪口を言っている人がいますが、そういう人は自分の価値を落としているだけ。自分の周りの人が好ましくないのはあなたも同じレベルの人間だからよ。自分を高め、自信を持って生きていれば、自然と周りにも素敵な人が集まってくるの。一緒にいたい人といればポジティブになれるし、そんなあなたにはさらにいい出会いがあります。

パリに住んでいる友人のふみこは、わたしの人生の考え方に影響をうけたひとり。わたしと会話をする中で、わたしの本を読むことで、これまで自分が考えていたことと共通点が多いと、彼女は気づきました。

日本ではずっと窮屈な思いをして生きてきた彼女。自分の考え方は、日本よりもフランスに近いのだと確信。パリに行く決断をしました。

パリで暮らしたいと告げたときは父親に反対されたけれど、生き生きと過ごす彼女を見て、今では応援してくれているらしいわ。

わたしは幼い頃から芯が強く、自立していました。わたしがこれまでやってきたこと、わたしのスタイル、わたしが発信してきたこと……。それらが人に勇気を与えたことはとても嬉しい。しかも日本人のふみこがフランスを愛してくれた。彼女の人生を切り開く人物になれたことを誇りに思います。

自分がどうやって生きてきたか、自分のオリジナリティが大事。

たとえば見た目がオシャレで素敵な人でも、話してみたら深みがなかったり、個性がなく平凡だったら、一緒にいても自分を高めることはできない。反対に見た目は平凡でも、話してみるとオリジナリティがある人は興味深い。わたしの好奇心のアンテナを刺激してくれる。そんな人と仲良くなりたい。

あなたの周りにいる人は信頼のできる人？　お互いを高め合う会話ができる？　心から一緒にいたいと思える？　有意義な時間を過ごせている？　あなたを応援してくれる？　あなたもその人を応援している？

友だちが多いことを誇りに思っている人がいますが、ただ人脈を広げるのは無意味なこと。お互いを認め合い、深くつきあえる人を大切にしてください。

ステータスで
友だちを選ばない

出身校や勤めている会社とつきあうの?

子どもは友だちを選ぶときに「どこの学校?」「親はなんの仕事をしているの?」、相手にそんなことは尋ねません。

友だちになりたいと思ったから。気が合うから。遊んでいて楽しいから。ただそういう純粋な気持ちから仲良くなる。大人になって友だちを選ぶときも、基本はそういうスタイルを持っていたい。その人のパーソナリティが一番大事。

わたしは人によって態度を変えません。

「どこの大学を出ているの?」「なんていう会社に勤めているの? 役職は?」

そういうことにあまり興味がありません。

大学名よりは「何を勉強してきたのか」「どうしてその勉強をしたいと思ったのか」。企業名よりは「あなたのしたい仕事がきちんとできているのか」「やりがいのある毎日を過ごしているのか」。そういう話がしたいの。

日本ではステータスを重視する風潮があるので、その点は残念に思っています。出身大学や勤めている企業名などは後からついてくるもの。ステータスを重視するのは、

自分の中身に自信がないからじゃない？

日本人は自分の考えを表現することは少ないのに、有名な会社名や大学名は隠さずに言う。どうして？　夫の会社や子どもの通っている大学を自慢する人もいます。その人のパーソナリティとはまったく関係ないのに。

わたしは自分の出身大学に誇りを持っています。一生懸命勉強して入学したからです。大学名ではなく、学生時代からずっと向上心を持ち、努力をし続けたわたしの姿を見てほしい。そう思います。

日本社会は『看板社会』というんですって。ある日本人の友だちが教えてくれました。でも今はインターネットなどのメディアのおかげでだいぶ変化して、個人の能力、業績がアピールできる社会になりつつあります。看板、つまり働いている企業名や出身大学にとらわれなくなってきたということ。これはとてもいい傾向ね。

相手によって態度を変えるなんてことはしたくありません。わたしが日本に来た頃のこと。NHKの「フランス語会話」に出演したとたん、「ドラ〜！」と態度を変える人がいました。ただの留学生と思っていたら、テレビに出てる人だった、と。慶應義塾大学の講師を始めたときも、そう。残念なことに、ステータスで人を判断する人はたくさんいます。

ステータスで人や自分自身を評価しない。自分や相手の中身に目を向ける。そんな自分と一緒にいる方が心地いいし、人との出会いの幅も広がります。まずはあなた自身が看板を脱ぎ捨てて、先入観を手放してみましょう。

わたしは職業を聞かれると「日仏の架け橋です」と答えます。自分のやっていることに自信があるし、とても個性的でしょう？

「それは具体的にどういう仕事？」と、尋ねられたら、ジャーナリストやエッセイスト、講師、コメンテーター、レポーターなど現在やっているさまざまな仕事、そしてこれからは何をしたいかなどを話します。好奇心が旺盛なわたしも、相手にいろいろと尋ねます。お互いに興味が湧けば意気投合！　単なる知人から、親しい友人へと、関係が深まっていきます。

大切なのは相手をもっと知りたい、もっと話したい、もっと一緒に過ごしたい。そういう気持ち。ステータスにとらわれず、あなたの嗅覚、本能を大切にしてほしいわ。

Chapitre 3

好きな場所に行く

住む場所は
人生のパワースポット

都会に住むか、田舎に住むか

好きな場所であり一番落ち着く場所といえば、自分の家。そうでしょう？　仕事で疲れて眠りに帰るだけでいつも散らかしっぱなし。そんな悲しいことは言わないで。一番長くいる場所なのだから、好きな場所に住み、心からリラックスできる心地いい空間を作り上げなくては。

まず、どこに住むか。

わたしはパリで生まれ育ち、今はパリと東京、それぞれに自宅があります。夜型なのでなるべく遅い時間まで買い物ができないと困るし、交通網も発達している方がいい。そんな自分には都会暮らしが合っていると思います。

もちろん、マイナス面を挙げたらきりがありません。物価も高いし、スリ、置き引き、ひったくりなどの犯罪に遭う危険も伴います。満員電車にもうんざり。自然が少ないので、マイナスエネルギーを受け、ストレスのもとになることも。

でも人のパワーを感じるというのでしょうか、生きている実感を味わえます。交差点を行き交う人たち、仕事を終えて街へ繰り出すビジネスマンやＯＬたち、活気ある商店街……毎日が楽しくてエキサイティング。

それぞれの都市には〝都会の美〟があります。

パリはなんといっても散歩が楽しい。一歩外に出ると、目に見える建物、その空間から見える空や木々、すべての配置が素晴らしく、時代、歴史を感じられます。石造りの建物が立ち並ぶ風景が、日常生活にとけこんでいます。セーヌ川にかかる橋の上から見ると、遮るものが何もなくまっすぐに遠くまで眺めることができて、何度見ても飽きません。サン・ミシェル橋から見る街並みは百年以上ほとんど変わらないといいます。

自宅近くのブーランジジェリー（パン屋）に行き、バゲットを抱えながら公園を抜けて、花屋さんの店先を見て……。

「ボンジュール！　サヴァ？」（こんにちは、元気？）

顔なじみの店員さんが声をかけてくれます。

近所を一周して帰ってくるだけで、何回笑顔になったことでしょう。そんな日々が味わえます。

わたしはさまざまな国の都市に住んだことがありますが、それぞれに魅力がありま す。

スカイスクレイパーに圧倒されるニューヨーク。視線を落とすと、街にはさまざまな人種の、さまざまな職業の人々が早足で行き交っています。以前に比べれば治安もよく、世界中の人々のエネルギーに満ちた街です。

ロンドンは王立公園をはじめ、公園が街中に点在しています。ハイドパークやセントジェームズパーク。そしてイギリス人のユーモア。「皮肉っぽい」と言われることもありますが、エスプリの利いた会話が好きなわたしにとっては楽しくもあります。

ベルリンは文化が栄えていて、博物館、美術館、劇場がとても多い街。ニューヨークや東京のように街行く人の足並みがせかせかしていないのも、心地いい。ドイツではもっと郊外の街に住んだこともありますが、やはりわたしは都会の方が合っていると感じました。

そして東京。わたしは渋谷のスクランブル交差点を渡っているときの自分が雑踏の中に溶け込んでしまう感覚が、とても好き。誰も自分に注目していない。ただ足早に、視線も合わさずにすれ違って行く。解放され、自由だと実感します。東京の中でもいろいろな場所に住みましたが、近代と古い建物のコントラストに惹かれ、神楽坂に住んでいます。食事をする店もとても種類が多い。学生が三百円でラーメンを食べられる店もあれば、芸者さんがいる高級な店もある。細い石畳の路地を散歩すると楽しい発見がいっぱい。長く住んでいるので、坂を歩いているとフレンチレストランに勤める顔見知りの日本人男性がフランス語で声をかけてくれたり、老舗の店の女将さんが笑顔で挨拶をしてくれたり。毎日がとても楽しいです。

住むのは都会でも、自然とのコンタクトが大切。わたしにとっては自然の中に身を置くことが身体のバランスにとって最も必要。ヴァカンスには手つかずの自然が多く残っている土地へ出かけ、日ごろのストレスをじゅうぶんに癒します。都会と郊外の中間は好みません。ヴァカンスでは空と海の青、木々の緑など、自然の色しか目に入ってこないような場所を選ぶようにしています。都会にいるとは逆で、誰もいないことに自由を感じます。

最近フランスではインターネットの影響で、都会を脱出し、自然あふれる田舎に移住するケースが増えています。メールのやりとりができれば、都会から離れてもじゅうぶん仕事ができます。TGVもあるのでパリからマルセイユやボルドーまで三時間で移動が可能。パリはテロの恐怖もありますし、環境面、子どもの教育などを考え、移住を決意するよう。

ここでも大事なのは流行や他人の意見に惑わされず、自分で決めること。わたしの友人は週のうち数日ずつ、パリとプロバンスを行き来しています。

わたしはパリと神楽坂を行ったり来たりしていますが、パリはアパルトマンを購入し、神楽坂の部屋は借りています。震災以降、一時期は京都に住むことを検討しました。でもインタビューを受けるときやテレビ出演するとき、友だちと会うとき……と、さまざまなことを考えると、やはり東京が便利だと考え、今の暮らしを続けています。

自分らしさのある家に住む

日本の賃貸問題

パリと東京を行ったり来たりするようになり「日本でも部屋を借りなくちゃ」と思ったとき、最初はどうしたらいいのかわかりませんでした。仕事先に近いホテルをとってもらう場合もあるし、滞在が長くなると友だちの家に間借りさせてもらったことも。でも、どれも落ち着かない。

わたしは「ドラ猫」なのでジプシー生活も大好き。でも何日も続くと落ち着かなくなってしまう。仕事を終えて帰ってきたときに、そこが自分のお気に入りの場所でないと、疲れも倍増。わたしの貴重な一日が無駄になってしまう……。やっぱり自分らしく暮らせる、自分だけのスペースが必要。強く思いました。

初めて一人で暮らし始めたのは十七歳の頃。窓からノートルダム寺院が見える屋根裏部屋でした。フランス人は若いときから自立心旺盛。わたしのように大半は高校卒業と同時に家を出て部屋を借ります。

賃貸で住む場所はフレキシブル。ハウスシェアリングのケースも増えています。仲の良い友人同士でのシェアはもちろん、仲介機関がシェアする相手を探してくれるというシステムも。日本のシステムで窮屈に思うのは、借りるときにリフォームが制限されること。フランスの場合は賃貸の部屋でも壁を塗り替えるなど、自分のスタイルが構築できる。でも日本では無理。フランスでは入居時の礼金はいりません。敷金の目的はリペアのためで、だいたいは戻ってきます。アメリカでは敷金一か月、礼金はなし。日本は敷金・礼金が高いので、その点にわたしは不満を持っています。

たとえ賃貸の部屋でも、自分が落ち着ける、自分らしい空間にしたいという思いが強いフランス人。借りる人の趣味に部屋を作り替えます。フランス人はブリコラージュ（日曜大工）が大好きなので、自分でスタイルを形成します。たとえ自分が苦手でも、得意な友人に頼む。金銭的な余裕があるのならばデザイナーを雇う。引っ越すときもそのままでかまいません。次に借りる人はまたその人のスタイルを作ります。日本はオーナーの立場が強く、フランスでは借りている人の立場が強いのです。

そしてフランス人は、家賃を払い続けるぐらいなら借りるのではなく自分の家（アパートやマンションの部屋も含めて）を持ちたいと、積極的に住宅購入に関して考え始めます。フランスはローンの種類も、金融機関が貸し出す一般的な住宅ローンのほかに数多くあり、家を購入するためのシステムが充実しています。借入額に上限があるので、日本のように長期間に渡るローンは組みません。日本では三十年、三十五年とローンを支払うケースがあると聞いたときは驚きました。

住居には自分らしさが詰まっています。買うにしても借りるにしても、お金があってもなくても、大きくても小さくても、それは変わりません。自分自身の心地よさはもちろん、人間関係と密接な関係があります。

自分のスタイルができ上がると、友だちを呼びたくなる。たまにはテラスまで開放してホームパーティを開いてみるのもいいでしょう。日本では騒音を気にしてあまり人を呼べないというケースもあるようですが、そういうときのために近所の人といい関係を作っておくことも大事。最近は隣の部屋にどんな人が住んでいるかも知らない人がいますが、お互いに気持ちよく暮らすためにも挨拶ぐらいは交わすようにしたいもの。病気のとき、震災のときなど助け合うことができます。

暮らす姿勢には自分が現れる。家は自己表現そのもの。買うとしても借りるとしても、人に堂々と見せられる部屋に住み、近所ともいい関係を築き、気持ちよく暮らしていたいものです。

外国に住んでみるのは
いかが？

旅行、ホームステイ、インターンシップ

夢見る少女だった頃から、わたしは外国に興味がありました。自分がまだ踏んだことのない土地、見たことのない景色に、思いをはせていました。成長し、留学したり旅をするたびに、自分の好奇心がひとつひとつ、満たされていきました。

留学のために短期滞在をしたり、旅をしたりすると、今度はその土地で暮らしたい！ という新たな欲求が芽生えてきました。これまでもベルリン、ロンドン、ニューヨーク、東京、と、暮らしてきました。

外国暮らしは毎日が冒険の連続で、とてもエキサイティング。一歩外に出ると、母国語ではない言語を話す人たちが行き交い、その中で買い物をしたり、カフェに入ったりと、ひとつひとつチャレンジしていく楽しさといったら！ 少し住むことができれば、その街をより深く理解できます。

世界のあちこちの国を見てきたわたしにとって、最近のお気に入りはキューバの首都ラ・ハバナ。激動の時代を経て、一大都市として発展しました。旧市街にはスペイン・コロニアル様式が保存されていて、世界遺産に登録されています。ヘミングウェ

イがこよなく愛し、『老人と海』を書き上げたものこの地です。

これまで旅をしてきた国々とは違った刺激を受けることができます。暮らしてはいませんが、ヴァカンスで長期滞在しています。

外国で暮らすと、その土地の人たちとの出会いはもちろん、もうひとりの自分に出会うことができます。

最初のうちは失敗の日々。勘違いしたり恥ずかしい思いをしたり、わたしだって数え切れません。でもそれすらも楽しんでしまえばいいのです。そうやって暮らしているうちに、だんだんと変わっていく自分を発見します。

最初はおっかなびっくりだったのが、だんだんと臆さなくなり、いつのまにか異国の人たちの輪の中で笑っていたり、ホームシックになって初めて、家族への思いに気づいたり、周りにいた家族や友だちに改めて感謝をしたり。強い自分、弱い自分に出会えます。異国で暮らすことで、これまで知らなかった自分に出会うことができるのです。

あなたが外国に行ったら、もっと自己主張しないといけないと思うでしょう。外国人だということで悔しい思いをするかもしれません。でもそれもまたあなたの財産。いずれにしても、日本にいるだけではわからなかったことがわかり、これまでとは違った世界の見方ができるようになる。どう、ワクワクするでしょう?

外国暮らしにはいろいろなスタイルがあります。たとえば外国語の勉強をしながらホームステイする。学生時代に留学を経験した人は多いと思いますが、最近の日本ではシニア世代の方の留学が注目されています。

旅行だけでは物足りない、憧れの国の文化に触れたい、学生時代には叶わなかった夢を叶えたいなど、きっかけはさまざま。同年代の人と一緒に学ぶクラスもあるようですが、できれば幅広い年代の人と学ぶクラスを選んでほしい。そして、せっかく外国にいるのだから、日本人同士で固まらないように。

午前中は外国語の勉強、午後は自由時間。たっぷりと外国暮らしを満喫することができます。短期留学では物足りない場合は専門学校や大学に留学する方法も。また、語学だけでなく音楽や絵を学びたいという人もいます。

イギリスのオックスフォードなど英語圏だけでなく、イタリアのフィレンツェ、ドイツのヴュルツブルグなど、便利で暮らしやすい街に留学し、暮らす人も多いようです。

勉強ではなく、インターンシップというケースもあります。特定の職業の経験を積むために、企業で労働に従事する期間のこと。日本では少ないようですが、欧米では盛んです。わたしはニューヨークで短期間、国連の仕事を体験しました。日本に初めて来たときも企業のインターンシップで、ホームステイをしていました。最近は海外で仕事ができるワーキングホリデーもあるのでお勧めです。ただし期間は一年間。三十歳までという条件があります。

そのほかにＮＰＯやボランティア活動など、本気で外国暮らしを望むのなら、さまざまな方法があります。シニアボランティアの募集もあるようです。

外国暮らしといえば、海外赴任もそう。チャンスがあったらぜひ生かしてみて。ときどき、ご主人だけが海外に単身赴任しているという話を聞きます。お子さんの学校の問題などさまざまな事情があるのでしょうが、できれば家族で外国暮らしを体験してほしい。家族の絆も強まるし、何よりもかけがえのない体験になります。

フランス人家族は、海外赴任となるとたいてい家族全員で行きます。妹のミレーユも、夫の海外赴任でルーマニアに二年、メキシコで三年暮らしました。今度は日本に赴任する話があればいいのに。妹家族たちに日本の良さをたくさん教えてあげたくて、わたしは心からそう思っています。

外国人と恋愛をして、海外暮らしを始めたというケースも耳にすることが。大恋愛の末、恋人を追いかけて外国に行く。情熱的でロマンティック！　でもどちらか一方があまりにも無理をすると続かないし、悲しい結果になってしまうので、一度立ち止まってふたりでよく考えてみてください。でも失敗したとしても、その経験は宝物だけれど。

発見、冒険、チャレンジ……。外国暮らしの経験があれば、必ず人生にとってプラスになります。ぜひ自分の可能性を広げてみてください。

待ち合わせは
「あのクリスマスツリーの前で」

ロマンティックな気分

仕事でもプライベートでも、待ち合わせの場所はとても大事。待ち合わせ場所を決めることは日常の中の〝小さな幸せ〟。

パリジェンヌは待ち合わせがとても上手。パリ市内はどこでも絵になる場所だから。それもたしかに理由のひとつ。でもそれだけじゃない。自分がそこに行くのに、ロマンティックな気分になれるような美しい場所を選ぶから。

パリだったら、リュクサンブール公園に入って右側のベンチがわたしの定番の待ち合わせ場所。恋人だけでなく、友だちや妹とよく待ち合わせます。サン・ルイ島の階段の下も大好きなスポットです。

街の中だったら、ショーウインドウが素敵なお店の前。きれいな花壇の前。自分が一番自分らしくいられるお気に入りのカフェ……。待ち合わせからドラマは始まっている。どんなときでもロマンティックなパリジェンヌたちは手を抜かないの。

彼との待ち合わせ場所が、ファストフード店なんて絶対イヤ。

日本だったら、桜がきれいな時期は「〇〇駅のそばの桜並木のベンチで」とか、クリスマスだったら「〇〇ホテルのクリスマスツリーの前で」など、そこに行くのが楽しみになるような場所がいい。たとえば神楽坂なら『キイトス茶房』というお気に入りのカフェがあります。交差点から近いのですが、階段を上っていくとドアの向こうからコーヒーの香りが漂ってきます。壁の本棚、センター席を仕切る本立てにはずらりと本が並んでいます。コーヒーが美味しいのはもちろん、こだわりのブレンドハーブティが何種類かあります。カフェの文化的な香りとか、マスターの人柄、文化的発信能力……。常連さんが多いのか、訪れるとたいてい「以前にもここで見かけた人だわ」という方と会います。

天気がいい日には飯田橋の『カナルカフェ』。駅前なのですが、お堀の横に作られているので、自然を満喫できます。テラス席での打ち合わせはとても気持ちがよく、桜の季節はお堀に見事な桜が咲くので満員で入れないほど。

パリのカフェなら、そう、自宅近くの『カフェ・デルマス』で待ち合わせ。テラス席からコントルスカルプ広場を眺めることができ、行き交う人々を見ているとパリの日常が感じられます。気候のいい季節はパリ市民の憩いの場所、リュクサンブール公園の噴水もいいし、暑い日や寒い日は街角の書店も。イギリスにいたときは、無料の美術館が多いので、お気に入りの絵の前で待ち合わせをしていました。

相手を待っているときからウキウキするような場所は、あなたにとってのパワースポット。パワーをもらえて、落ち合った後もいいことが起こるような予感がします。自分の気分のために、その日の第一歩となる待ち合わせ場所はとても大事。いい場所からスタートできるととても気持ちがいい。

けれどデートの場合、パリジェンヌはちょっと遅れていくのがエレガント。待っているより待たせることがほとんどなのです（笑）。

わたしは旅人

海外旅行の本当の楽しみ方

わたしは一年に一度、必ず訪れる場所があります。そのひとつがカンボジアのアンコールワット。もう十年以上通っています。広大な濠に囲まれた寺院の中に足を踏み入れると、ヒンドゥー教の叙事詩を題材としたレリーフの数々に圧倒されます。参道を歩いた先に現れる美しい神殿にも心を打たれます。精神性を高めてくれると同時に、とても官能的。

訪問の回を重ねたわたしにとっては巡礼と同じ。ニルバーナ（涅槃……煩悩の火を消して智慧の完成した悟りの境地）を訪れたような気持ちにさせてくれます。来年も再来年もその先もずっと訪れることでしょう。

五年ほど前からは、キューバを訪れるように。革命を愛するフランス人として、革命家、チェ・ゲバラやフィデル・カストロの生き方には興味がありました。キューバは共和制国家。アメリカと国交が回復したものの、生活の水準はまだまだ低い。

わたしが暮らしているパリや東京とまったく違ってインターネットもなく、買い物に行っても物がない。最近スーパーができたけど、棚はガラガラ。先日のヴァカンスでキューバに行ったときにマックのパソコンをプレゼントすると、とても喜ばれました。でも、物質的に豊かでない国でも、現地で暮らす人はみんなフレンドリー。彼らの心の豊かさやユーモア、人間関係の築き方にとても刺激を受けるのです。みんなで楽しむのが大好きなキューバ人。挨拶は情熱的だし、女性は肉感的な身体を惜しげなく見せつけるような服を着ています。ラテンアメリカの気候のせいもあるのか、街中に音楽が流れ、道でサルサを踊っている人も。とても心地いいのです。日常生活のストレスから解放され、生きている！ と実感できます。

街の近くにもビーチがたくさんあり、白い砂浜とカリブ海のコントラストの美しいことといったら。空は、パリや日本で見上げるよりもずっと青い。絵葉書の世界そのものです。美しい渓谷や国立公園など、自然にあふれています。

イタリアも大好きな国。十三歳のときにはじめてベネツィアに行きましたが、すぐに街の美しさに魅了されました。イタリア語のニュアンスも好きだし、食べ物も、明るい国民性も好きです。以前つきあっていた恋人が「今からローマに行こう」と、サプライズで連れて行ってくれたこともありました。今年のヴァカンスでも、妹とローマに小旅行を楽しんできました。ヨーロッパは陸続きで旅ができるので、いちいち飛行機に乗らなくても外国旅行が可能。そのあたりは日本人とは感覚が違うかもしれません。

バリ島もポジティブエネルギーをもらえる場所。海や森などの豊かな自然、そして出会う人たちのフレンドリーでおおらかなやさしさに触れると、五感のすべてが喜びの声を上げるのが聞こえてくるようです。

日本も大好き！　日本には素晴らしい場所が数え切れないほどあります。わたしも時間を見つけては日本中を旅しています。

ひとりで行く京都は、道も決めずに歩いて回るのがお気に入り。ヨーロッパにも名だたる建築物や遺産があります。でも、お寺の雰囲気は日本でしか堪能できないもの。侘《わ》びさびの中に朱色が際立つ美しさは、いつ見てもうっとりします。金閣寺、竜安寺、銀閣寺も行きますが、散歩の途中で名前も知らなかったお寺を見つけたときのワクワク感といったら！　静謐《せいひつ》な雰囲気、たたずまいと自然、そして伝統が共存しています。ひとりでそっと過ごす時間は何ものにも代え難いものです。

それから温泉。これほど素晴らしい文化はフランスにはありません。温泉そのものがフランスにはないの！　わたしは温泉を求めてプチ・ボヤージュを続けています。自然に囲まれた露天風呂で出たり入ったり。究極のデトックスと心のリラックス。頭を空っぽにして心ゆくまで温泉を楽しんでいます。日本全国どこにでも温泉があるなんて奇跡のようだわ。

日本ならではの旅に列車があります。オーシャンビューなどの工夫を凝らしたローカル列車は、日本ならでは。日本人にはあたりまえかもしれないけど、あんなに大きな窓で景色が見られるうえに安全（笑）。

もっとプチ・ボヤージュを楽しんで！

ぶらぶら歩きをしてる?

公園が教えてくれること

都会に暮らすわたしにとって欠かせないのが、公園で過ごすひととき。日本で公園というと遊具のある小さな公園を指すことが多いようです。フランスだと子ども向けの柵で囲まれた公園は『square』、庭や公園を意味する『jardin』、城などに付属していた大規模な公園『parc』。国立公園は『parc national』です。わたしにとっての公園は大人がくつろいだり愛を囁きあったりする大きな公園のことで、おもに『jardin』を指します。

東京だと仕事と仕事の合間などに、皇居の周り、北の丸公園、日比谷公園のベンチで、ひとりのんびりします。東京の中心部にありながら緑が多く自然に囲まれていて、リラックスすることができます。池のそばにある古いカフェ『日比谷サロー（旧店名「日比谷茶廊」）』に寄って、目の前の花壇を眺めていることも。

最近出演している文化放送のラジオ番組『くにまるジャパン』の終了後、旧芝離宮恩賜庭園に寄ることもあります。周りは高層ビルに囲まれているのに、不思議と自然を感じることができます。池の周りに咲く季節ごとの花……コスモスやアジサイなどがとてもきれい。

たまに行くのは六義園《りくぎえん》。春先のしだれ桜、秋の紅葉のライトアップが見事。わたしは京都の小さなお寺を巡るのが好きなのですが、この公園は京都の雰囲気を感じさせてくれます。

二子玉川に住んでいるときは、多摩川べりを散歩していました。

パリは『Jardin du Luxembourg』(リュクサンブール公園)。パリ市民にもっとも親しまれている公園です。本を読むため、散歩するため、チェスするため、近くのサンドイッチ屋で買った軽食を持って……。有名な緑の椅子を自分の好きな場所に移動してくつろぎます。もちろん、ただベンチに座ってぼんやりするのもいい。みんなそれぞれの目的で愛用しています。

五区の『jardin des Plantes』(植物園)もお気に入りのスポット。王立薬草園として作られた植物庭園で、観光客は少ないけれど、パリの人は日曜日によく散歩をします。敷地内に自然史博物館、古生物学館、動物園もあります。

ノートルダム寺院、オルセー美術館などのあるセーヌ川沿い散歩もわたしの定番コース。水辺といえばサンマルタン運河も。今でも船が通るこの運河は水門の開け閉めや可動式の橋など見どころも多い。ワインボトル、食べ物を持参してピクニックするのもいいし、レピュブリック広場から続く界隈の両側にはカフェも多いので、立ち寄ってみても。でもこの散歩コース、最近人が多くなってしまって、あまりのんびりできなくなったのが残念なのですが。

散歩、散策は、フランス語では『Promenade（プロムナード）』、『Flânerie（フラヌリ・ブラブラ）』。歩くことは脳にもいいので、パリで仕事をするときは、公園の中を散歩しながら打ち合わせすることもあるくらい。パリジェンヌがどれぐらい散歩好きか、わかるでしょう？

アートに触れる時間を惜しまない

忙しくても美術館、映画館に足を運ぶ

パリはアートが息づく街。フランス人はアートに触れることが大好き。「今、ポンピドゥー・センターではなんの催しをやってる？」と聞かれたらたいていの人が答えられるはず。さらに内容についても詳しく解説してくれるはずよ。ほとんどのパリ市民は頻繁にいろいろな作品を見に行くので、文化芸術に対して、自分の好みが確立されているし、意見もしっかり持っています。

わたしも幼い頃からよく家族で美術館に出かけました。パリ市内にはルーヴル美術館やオルセー美術館、国立近代美術館などのスケールが大きな美術館がありますが、個性的な作品を展示している小さい美術館にもよく足を運びます。ギュスターヴ・モロー美術館、ロダン美術館、ピカソ美術館……。

『Pariscope（パリスコープ）』という冊子があり、パリで行われる美術館の展覧会、イベント、映画などのカルチャー情報はこれを見れば一目瞭然。パリ市民の必需品となっています。でも最近はインターネットで調べる人が増えてこの冊子が廃刊になるという話も。わたしの父親にとっては必需品だったので、とても困っています。

モダンアート展や前衛舞踊など、世界の中でパリが初演ということも。好奇心旺盛

なパリ市民たちははりきって出かけていきます。歌川国芳の浮世絵展も人気でした。

美術館に行くと、勉強にもなるし、美とのコンタクトになります。日常とは違った空間に自分を置くことができ、美のセンスが研ぎ澄まされていきます。わたしの父親はルーヴル美術館のメンバーパスを持っているので優先的かつ無制限に入場が可能。観光のためなら『パリ・ミュージアム・パス』を購入すればルーヴル美術館やポンピドゥー・センターなどは並ばずに入場が可能。

フランス人がアートに親しみやすいのは、音楽コンサート、ダンス、演劇などが夜八時過ぎから開演していること。仕事帰りでも間に合います。東京の美術館やイベントは人が多いし、値段も高いし、終わる時間が早い。

東京でも素晴らしい展覧会も開催しています。わたしが好きなのは六本木の国立新美術館。建物の雰囲気も好きです。原宿の太田記念美術館、上野の国立西洋美術館、東京都美術館もお気に入り。企業ミュージアムも興味深いです。六本木の東京ミッドタウンにあるサントリー美術館はホテルのよう。ブリヂストン美術館（長期休館中）はコレクションの数が多く、出光美術館は展示を見た後、皇居を見ながらゆっくりできます。三菱一号館美術館は丸の内にあるので、仕事の行き帰りなどにふらっと立ち寄りやすく、建物がおしゃれ。

東京以外では香川県直島《なおしま》にある地中美術館。瀬戸内の美しい景観の中に佇む建物は安藤忠雄《あんどうただお》が設計したものです。美術館の記念にショップに立ち寄って、ファイル、マグネットなど、ちょっとした小物を買うのも楽しみのひとつです。

映画もよく観に行きます。ハリウッドの大作よりも、人間や人生、世界について深く考えさせられるような映画が好き。パリでは小さな映画館によく行っています。料金も日本より安く、始まる時間は二時、四時、六時、八時、十時の五回。会社が終わって、夕食を食べてからでも見ることができます。

フランス人は映画を見るときは、静かに観て、映画の世界に入ることが好き。時間を見つけてひとりで通います。

一瞬で大きなスクリーンの世界に吸い込まれ、日常を忘れさせてくれる映画は自分の喜びのため。二時間で別の世界にトリップでき、終わった後は頭がリセットされています。まさに自分へのご褒美のためでもあるのです。

行きつけのカフェを持つ

カフェのない人生なんて

パリジェンヌにとってカフェのない人生なんて考えられない！

街中の至る所にカフェがあります。わたしはテラス席で太陽と自然の空気を感じながら街行く人を眺めるのが好き。ひとりのときは本を読んだり、原稿も書きますし、原稿に行き詰まったらゆっくり考えごとをします。

カフェは待ち合わせをしたり、仲間で議論を交わす場でもあります。わたしもソルボンヌ大学に通っていた頃は、大学近くのカフェで一杯のコーヒーを注文し、コーヒーが冷めても何時間も議論を闘わせた思い出があります。

一日中、いつ行っても、誰と行ってもいい。ふらりと寄って立ったまま食事をしてすぐに職場に向かってもいいし、コーヒー一杯で何時間いてもいい。自由を愛するフランス人にぴったり。通りに面したオープンテラスのある店構えからもわかるように、カフェはまさに開かれた場所なのです。

パリジャンもパリジェンヌも、たいてい自宅の近く、職場の近く、買い物のついでに寄るところ……など、行きつけのカフェがあります。待ち合わせのときに時間があったら知らないカフェに寄ってみるのも楽しい。

わたしは知らないカフェにふらりと入るのが好きで、時間があればクロックムッシュ（パンにハムとチーズを挟み、バターを溶かしたフライパンで焼いたホットサンド）か、クロックマダム（クロックムッシュに半熟卵を載せたもの）をオーダーしてみます。この二品が美味しい店は、たいていほかのメニューの味も満足できる、というのがわたしの持論です。

パリで暮らす人々にとって、十九世紀からカフェは大事な文化の発信地。モンパルナスには、サルトルやボーヴォワールといった作家やピカソなどの画家が夜な夜な集まり、議論を交わしたカフェがあちこちにあります。

その代表格がサン＝ジェルマン・デ・プレの『カフェ・ドゥ・マゴ（Café Les Deux Magots）』。石畳の広場で教会に面し、観光客も多い有名なカフェです。交差点角にあるのは映画にもなった『カフェ・ド・フロール（Café de Flore）』。文学カフェです。このカフェにはフランス人以外で初めてギャルソンになった山下《やました》哲也《てつや》氏がいます。ギャルソンたちは受け持つテーブルが決まっていて、客が注文した飲食代の何パーセントかが彼らの収入源に。わたしはこのカフェに行くと、彼の担当するテーブルに。お互いに日仏の架け橋として、話も弾みます。ただし老舗のカフェとして有名なこの店は観光客が多くていつでもいっぱい。足を運ぶのはごくたまに、だけど。

東京にはコーヒーショップのチェーン店がたくさんあり、便利だけれど個性的ではありません。パリ市内では最近スターバックスができたものの、一般的なのはやはりカフェ。カウンターのバーテンダーや店に立つオーナーが客たちの話し相手をしてくれます。行きつけのカフェでは彼らが笑顔で迎えてくれます。ギャルソンも「いいお天気ですね」「そのブラウスの色いいですね」などと、気軽に声をかけてくれます。

カフェと生活が切り離せないパリ市民にとって、二〇一五年十一月十三日のパリのテロはとてもとても大きなショックでした。金曜の夜、カフェの席で普通に食べて飲んでくつろいでいる一般人が殺されたのです。

あの日以来パリ市民は「今ここでテロが起きたらあそこに逃げよう」などと、常に警戒しながら日常生活を送っています。カフェで気ままに過ごす楽しみが、脅かされる世の中になってしまったのです。一日も早く、そんなことを気にせずにくつろげる日が戻ってくることを祈るばかりです。

Chapitre 4

好きなものを持つ

フランス人は
セールが大好き

買い物は賢く

「おしゃれ」というイメージが強いパリジェンヌ。日本の雑誌でもよく『パリジェンヌ流着こなし』という特集を見かけます。有名なファッションデザイナーもいますし、パリコレもあるし、パリから発信されるものも多いのは事実。

でも、パリジェンヌが大事にしているのはあくまでも自分のスタイル。彼女たちにとっては『パリジェンヌ流』とひとくくりにされるのは心外なはず。常に洗練された着こなしを心がけてはいますが、けっしてファッションフリークではなく、必要以上に洋服を買ったり、流行を追ったりもしません。持っている洋服の数は、日本女性の方が多いのではないでしょうか。でも日本にいるときに街を歩く人たちを見ていて思うのは、個性が足りないこと。一緒に歩いている女の子たちを見ると、ヘアスタイルもファッションもなぜかそっくり。

パリジェンヌのコンセプトはシンプルシック。たくさんあるアイテムの中から組み合わせるのではなく、少ない中でどう着こなすかを考えます。自分らしさを表現したい。ファッションはそのための手段。自己演出の一部です。

街を歩く自分がどのようにパリの景色にとけこみ、どのように人の視線をとらえるのか。「人の目を気にする」のではなく「人の目に映る自分」を意識。

パリジェンヌがどんなおしゃれを楽しんでいるか。最近フランスでも大人気のブランドが「Desigual」。セクシーでカラフルなワンピースが人気で、着ると元気になる。私も今一番のお気に入りです。

定番ファッションは「KOOKAï」「Et vous」「Plein Sud」。パリジェンヌたちは、必ずといっていいほど、これらのショップには立ち寄ります。個性派では「Lolita Lempicka」「Maison Margiela」「vanessabruno」も人気。

そして、パリジェンヌ流といえば、ミックススタイル。カジュアルも積極的に取り入れます。「UNIQLO」「American Apparel」「H&M」「Zara」。日本でもおなじみのブランドもあります。

そしてそして、私も愛してやまない「Christian Dior」「Chanel」「Yves Saint Laurent」はセールのときだけよ！

また成熟した女性なら、ぜひこだわって身につけてほしいのがランジェリー。「Lingerie Valège」は女性らしい美しいレースとコンフォータブルを兼ね備えたランジェリー。私が今一番好きなブランドです。フランスの定番といえば「Etam」。安くて品揃えが多くて、下着だけでなく洋服も扱っています。パリに行ったことのある人なら知ってるかも。「Aubade」は高級ランジェリーの代名詞。その繊細で魅惑的なランジェリーを身につけるだけで、女度がアップするわ。

ぜひ、自分らしいファッションで人生を楽しんで!

とはいえ、ファッションだけではなくさまざまなことに興味のあるパリジェンヌ。服にばかりお金をかけられません。服選びのポイントとなるのは……。

1. 値段

夏と冬、一年に二回あるセールの時期を狙います。とくにブランドもの、高いものはセールで買います。七十パーセントオフの品物もあるので、初日は取り合いになります。服にばかりお金をかけないパリジェンヌは、セールに行くときは金額のリミットを決めておきます。カードを使うという手もありますが、その場合は日本でいうクレジットカードではなく、即時払いのカード。後払いではないので、銀行口座に残高がなければ購入できません。

わたしは身に着けるものはほとんどパリで買っていますが、日本でagnès b.《アニエスベー》やISSEY MIYAKEのセールに行くことも。

2. 一目ぼれ

散歩しているとき、仕事に向かうときなど、服を買う予定ではなかったのに一目ぼれしてしまうことも。パリはデパートやファッションビルに入るのではなく、路面店が多いので、突然ショーウィンドーが目に入って、一目ぼれして、トライして買うことがあります。ひらめきと出会いも大切。そんな服に出会えたときはなんとも言えずときめきます。どうしようか迷っているうちに、後で買いに行ったらなくなってしまった……なんていうことになったら、とても後悔することに。

3. 必ずトライする

買うときは必ずトライ（試着）。マネキンが着ているイメージや、手に取って体に当ててみただけではわかりません。着てみたい服があれば、十着でも試着室に持って行ってトライしてみます。試着するまでのドキドキ感も楽しみます。鏡に映った自分を見て「うん、いいんじゃない？」とピンと来ればいいけれど、そうでなければ、その日は買わない。鏡で自分の着ている姿を見るのはとても大事なこと。わたしは店員さんともよく話して、意見を参考にしています。もし、試着をしないで買ってしまうという方がいたら、これからは必ず試着して。家に帰ってきて実際に着てみたら「イメージと違う！」なんていうことにならないように。

最近パリでは量り売りをするヴィンテージショップが出現しました。その名も『KILO SHOP』（キロショップ）。店内には古着や小物、アクセサリーが並び、掘り出し物が大好きなパリジェンヌには人気のようです。店の名前は『Kawaii』。最近、フランスでは「可愛い」という言葉は普通に使われているの。面白いでしょう？

また、最近の若い人たちの間で増えているのは、ブログやYouTubeでのファッションチェック。わたしたちの若い頃はファッション雑誌を参考にしていましたが、インターネット世代はメイクの仕方や着こなしなどを自分のお気に入りサイトでチェックしているみたい。

ファッションの遊び心は
自分らしさ

なんといってもアクセサリー

遊びが大好きなパリジェンヌ。アクセサリー使いも遊び心があるかどうかがセンスの見せどころ。シンプルでベーシックな着こなしでも、好みのアクセサリーの組み合わせ次第で自分を演出できる。お金をかけずにファッションを楽しむのがフランス流。同じ服でも、アクセサリーの使い方でガラッと雰囲気が変わります。シンプルなシャツにジーンズでも、ストールやアクセサリーで自分らしさを演出します。

ヘアスタイルもその日の着こなしによって変えるから、ヘアバンドやヘアピンもたくさんの種類を持っているわ。スカーフの使い方も首に巻くだけでなくターバン代わりにしたり、バッグに巻いてみたり。サングラスも好き。

アクセサリーを何もつけていない日はありません。ミスマッチ感を楽しむのが好きなので、パリで買った大ぶりのジュエリーと、原宿の店先で買ったおもちゃのようなリングを組み合わせてみたり。ユニクロの最新のワンピースとおばあちゃんにもらったネックレスのミックスもわたしにしかできないおしゃれ。

自分らしさを演出できるのなら、露店で買った五百円のイヤリングだって、ビーズの手作り指輪だってかまわない。最近は伊勢丹で買った高級なネックレスと、キューバで買ったカラフルな色遣いのネックレスを一緒につけたりして楽しんでるの。ハイブランドなジュエリーや、高価な宝石だけが女を輝かせるものではありません！　自分が好きなものを身につけるだけで、それが宝石でなくても、高価なものでなくても、気分はアップ。

わたしは中指に大きな指輪をつけるのが好き。一日ウキウキ心が弾みます。「その指輪素敵だね」なんて褒められたら、さらに気分はアップ。最近日本でも一号店ができた『Morganne Bello（モルガンベロ）』。フランスではとてもファンが多いわ。18金と二十種のカラー天然石を使ったシンプルなデザインがとても素敵。わたしも指輪とネックレスをペアで持っているの。

ネックレスも大ぶりなものが好き。わたしは習字筆に使う筆かけをヒントにしたネックレスかけを友だちに作ってもらって、そこにネックレスをかけているの。お習字の筆を何本もかけることのできる筆かけはネックレスかけにぴったり！　どれを選ぶかすぐに決められるし、パリの家でも愛用しているわ。

「わたしは時間にとらわれないの！」と、時計を持たない生活をしていたわたし。でも仕事をするようになってからは自分の責任できちんと時間を守るために時計が必要に。今はLONGINESの高級時計を一つ持っていて、長い間大切に使っています。そのほかに遊び心いっぱいの時計もいくつか持っていて、その日のファッションに合わせて楽しんでいるわ。

パリジェンヌは人のアクセサリー使いもよく見ていて、「いいな」と思ったら褒め合います。でもブランド物にはこだわらないので「それいいわね、どこのブランドなの？」という会話はあまり交わされません。

「それいいわね」

「でしょう？　この前アンティークショップで見つけたの」

と、こんな感じ。

安くて、個性的。そして楽しいことが一番です！

ココ・シャネルの魂を
着こなしてみる

リトルブラックドレス

常に自分らしくいたい。自分を演出したい。毎日のファッションには時間をかけるパリジェンヌ。でも洋服を決めるのに時間をかけたくない。そんな日もあります。そういう日に、ドレスはそのままさらっと着るだけでスタイルが決まるから便利。パリジェンヌはブラックドレスをたくさん持っています。フランスではドレスといっても、ワンピースの意味を含んでいて、robe（ローブ）といいます。シンプルなブラックドレス。ミニからロングまでさまざまな丈が。脚をどう見せたいか。これはパリジェンヌたちにとってその日のファッションの大きなポイント。八十歳のマダムでも、魅力的な脚の見せ方を気にしています。

フランスには二十世紀初め、シンプルな黒いドレスが生まれました。その名は petite robe noire（リトルブラックドレス）。これはココ・シャネルが生み出したファッションです。その名の通り、黒一色で装飾の少ないドレスのことです。それまでは喪服と見られていた黒いドレスを、ココ・シャネルがファッションアイテムに変えたのです。フランス国民はあっと驚いたわ。ココ・シャネルは人を驚かせるのが大好きだったのね。

ブラックドレスはパーティ、ビジネス、デートなど、フォーマルからカジュアルまでさまざまなシーンで使いまわしできて、融通が利きます。パリジェンヌなら誰でも持っているし、わたしは10着以上持っているわ。

最近のフランスブームで、日本人女性もブラックドレスをアイテムに取り入れているみたいで嬉しい！　ブラックドレスはシンプルだからこそ演出が必要。テクニックが試される。だからこそアクセサリー、バッグ、靴……組み合わせで着こなしも無限大。デコルテの見せ方も重要ですから、普段からきちんとお手入れしなくては。シンプルなリトルブラックドレスを着たときこそ、自分らしさを表現できるのかもしれません。

ランジェリー姿で
自信を取り戻す

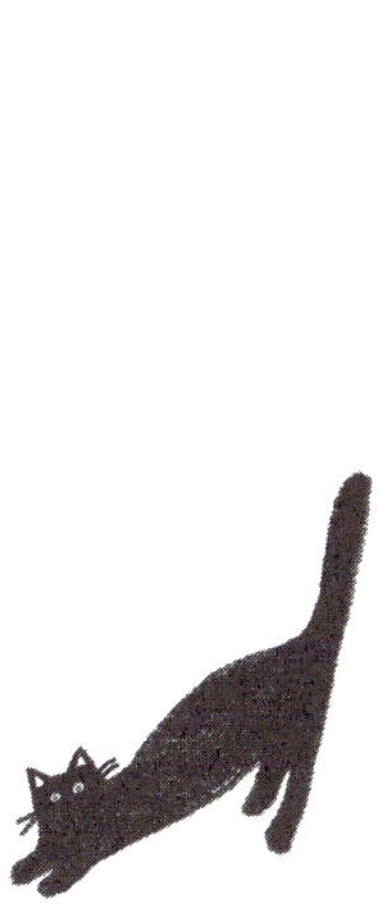

機能性下着とランジェリーの違い

あなたにとって下着はどんな意味を持っている？　日本には『勝負下着』なる言葉があると聞いたけれど、だったら勝負以外の日は？

フランス女性は下着選びにとても熱心。常に良質の下着を身につけています。Tシャツにダメージジーンズでも下着はとてもセクシー。ランジェリーショップではカップルで下着選びをしている姿も見られるわ。

下着は機能で選ぶのでなく「自分自身がつけていていい気分になれるか」。見えないからなんでもいいや、などという気持ちはありません。体型を整えるためにガチガチに補正下着でかためていたりもしません。脱ぐのもたいへんな下着なんて考えられない！　それじゃあまるで鎧のよう。男の人がエスコートするために不意に背中に手を回したときにガチガチに固かったら驚いてしまうでしょう？

下着は自分自身が満たされた気持ちでいるために必要なもの。そのためにも毎日が勝負下着です。　わたしはいつ誰に見せても恥ずかしくない下着をつけています。

「今日は恥ずかしい下着だから……」という気持ちで出かけると、何をするときも自信のなさが表れてしまうもの。自分が満足している下着をつけている日は、誰にも見せる機会がなかったとしても、何をするときも堂々としていられます。背筋もピンと伸びませんか？　上質な下着をつけているあなたの自信は、周りの人にも伝わっている。私はそう思うの。

わたしはストレスがたまると、ランジェリーショップに足を運ぶわ。基本的にエネルギッシュなわたしだって、もちろん落ち込むことも、具合が悪くなることもあるし、仕事漬けになってストレスがたまることも。

そんなとき、ショーウインドウにディスプレイされている繊細でゴージャスなデザインの下着を見ると、とても華やいだ気分になる。ドアを開けて店に入っていき、色とりどりのランジェリーに囲まれ、手にしたときはうっとり。家に帰って全身が映る鏡の前で買ってきたランジェリーを身に着け、下着姿の自分を見て、自信を取り戻すの。

「自分の姿を全身鏡でなんか見たくないわ」

そんなことは言わないで。胸の大きさやウエストのくびれ具合などは関係ありません。お気に入りの下着をつけた自分の、女性として高揚した気持ちが鏡に映っていればそれでいい。「明日からもきれいでいよう」。そういう気持ちでリセットできます。

セクシーでゴージャスなランジェリーをつけて、もっともっと自分の魅力を再認識すべき！　外側に見える服装にお金をかけるのもいいけれど、ランジェリーに投資してみることをぜひお薦めしたいです。

フランスでは、カップルでランジェリーショップに行くことはあたりまえ。恋人のために下着を買いに来る男性もいます。下着は女性が一番喜ぶプレゼント。わたしも、以前つきあっていた恋人が下着をプレゼントしてくれました。古くなっても、サイズが変わっても、捨てずに大切にとってあります。

まずは堂々とランジェリーショップに行ってみましょう。そしてきちんと自分の体型にあった下着をチョイス。面倒くさがって試着もなしに通販で買ったりしては駄目。男性の目を気にして勝負するのではなく、自分が生きていく日々と勝負するのです！

女にとってバッグは
アイデンティティのようなもの

バッグに夢を詰め込んで

パリジェンヌにとってバッグも重要なアクセサリーのひとつ。フランスにはCHANEL, LOUIS VUITTON, HERMÈS, LONGCHAMP, LANCELなどの有名なブランドがあります。

でもバッグを買うときにブランドだから買う、という選び方はしません。デザインと使い方を重視します。

何年か前、友だちとパリを歩いているときのこと。彼女がわたしに「なんで日本人はあんなバッグが好きなのかしら」と聞いてきたことがあります。あんなバッグってどんなバッグ？　見ると、その人が持っているのはVUITTONのモノグラム。たしかにあの頃はほとんどの日本人観光客が持っていました。

「カラフルなVUITTONのバッグは好きだけど、あの茶色いモノグラムのバッグはねえ」と、パリの友だちは首をかしげていたわ。

わたしも、日本人、中国人のモノグラムバッグブームは全然理解できませんでした。流行すると、手に入れないと気が済まなくなるのかしら。みんなと同じものを持ったら個性が失われてしまうのに。それに、モノグラムはわたしたちから見ると、年配の方が持つデザイン。なんで若い世代の人がこぞって持ちたがるのか、不思議でした。

パリジェンヌはCHANEL、HERMÈSのバックはたいてい一つは持っていますが、FENDIやGUCCIなどイタリアのブランドのバッグも大好き。ノーブランドでも、イタリア製のバッグは革の質がいいものが多いです。

わたしが今関心を持っているのが、カンボジアで蚊帳として使っている生地を利用して作ったイタリア人のデザイナーのバッグ。カンボジアから世界に発信しているリサイクルブランド『SMATERIA（スマテリア）』。一点一点、現地で手作りされているのですが、とてもカラフルでデザインも豊富。日本でも注目されてきています。生産者の立場から、カンボジア社会に貢献することを目指しています。

東京デザイナーウィークで買った、タイ人の若いデザイナーが作ったバッグはオリジナリティがあって丈夫。一目ぼれして、今を逃したら買えない、と、その場ですぐに購入しました。

女性にとってバッグは自分のアイデンティティが詰め込まれているようなもの。本とノート、筆記用具、化粧ポーチ……わたしのバッグはいつもものすごく重くなってしまいます。荷物を軽くするために小さいバッグを買ってみても、結局ぎっしり詰め込んでしまう。わたしだけでなく、パリジェンヌのバッグは日本人に比べて大きめ。小さい可愛いバッグだと持ち物が入りきらないの。

東京で夜、レセプション、パーティがあるときは、小さなバッグを身につけていますが、会場に来るまでは大きなバッグを持ってきています。仕事先などから直接パーティに行くときは、会場で服や靴、アクセサリーをチェンジ。大きなバッグは受付に預け、小さなバッグに持ち替えています。

普段よく使うのは黒・グレイ・茶など合わせやすい色ですが、カラフルなバッグもたくさん持っています。

旅行の際は紫色のバッグを愛用。柔らかくて、使わないときは小さく畳めます。

実用性があるもの。個性的なもの。一目ぼれしたもの……。わたしはフランスや日本、そして旅先の国々で、バッグとの出会いを楽しみにしています。

夢は手書きで

ノートとペン

ノートはわたしにとってとても大切なアイテム。突然、思いついたときに、やってみたいこと、やりたいのにまだ実現できていないことを、ノートに書き出しているわ。大切なのは「手で書く」ということ。パソコンやスマホで入力するのでは意味がないの。自分の手で、自分の言葉を綴る。

外国で暮らしたい。外国に住みたい。自分の家を持ちたい。ホームパーティが開けて、執筆に専念できて、パリのスタイルに日本のテイストを取り入れられるような家……と、ノートに書いたことはたいてい実現しました。そうするとまた次の夢が膨らんでいきます。

仕事に関しても、あの人に会いたい、あの活動をリポートしたい、あたためていた企画を具体的に本にしたい……と、胸の中の野望をノートに書き留める。そうすることで目標はより明確に。叶えるための手段を考えたり、人に相談したりしているうちに夢を引き寄せるようで、実現への道が開けてきます。

ヴァカンスに関してもそう。今年はあの国へ行きたい、とノートに書くと、じゃあ行くためにはどれくらい休みをとって、どれくらいの予算を立てて、誰を誘って……

などと、どんどん具体化していく。

一月と九月以外にも、東京からパリへ行く飛行機内では「東京でやり残してきたこと」「パリでやるべきこと」、パリから東京へ行くときはその逆のことをノートに書き込んでいます。

書くのはもちろん気に入ったノート。日本で買ったノートを愛用しています。日本では百円ショップでも可愛いノートがたくさん売られています。今回の本を作るときにアイディアを書き出していたのはキティちゃんのノート。ノートを見た途端にわたしの中のリトルガールが喜びの声を上げたので、遊び心で選んでみました。

筆記用具も日本製。三菱鉛筆でインターンシップしているとき、より良い筆記用具を作るために日夜会議を開いてブレーンストーミングしていることに驚き、感動したのを憶えています。uni-ball はフランスでも有名です。

今はインターネット世界ですが、ノートに手書きするのは脳のため。そして、手書きの一文字一文字には、価値があり、思いが籠っています。わたしは友だちや家族の誕生日にはカードを送ります。素敵なカードは選ぶ自分もワクワクするでしょう？ そこに手書きで思いを込めてメッセージを書く。香水をひとふりするのも忘れずに。妹のミレーユもいつもわたしの誕生日にカードをくれるの。心がこもっていてとても嬉しいわ。恋人からもらったラブレターも、もちろん宝物。

わたしはとにかく書くことが好き。大好きなノートに思いを言語化して書き込む。なんて楽しいひとときなのでしょう！

好きなものに囲まれて
過ごす部屋

インテリアはミックススタイル

好きなものに囲まれていたいフランス人。もちろん家具にもこだわります。モダンとアンティーク、デザイナーブランドと蚤の市で買ってきたものなどをうまくミックスして、自分らしい空間を作り上げます。

最近日本ではＩＫＥＡ、ザ・コンランショップ、イデーショップ、無印良品など手ごろな価格で買える大型家具店も増えてきました。でも、みんなと同じではつまらない。個性を発揮したいのなら、日本でも蚤の市や骨董市が開催されているので、一度ふらりとのぞいてみるといいと思います。

わたしのパリの部屋は、アパルトマン自体がユニークなデザイン。メゾネット物件になっていて、階段や吹き抜けがあるので、インテリアで遊ぶ必要がありません。でもモダンなアパートだから、椅子はアンティークにしてミックススタイルを楽しむことにしました。

二畳ほどの畳のスペースも作り、日本の箪笥も持っていって飾ってあります。茶碗やおちょこも持っていき、お抹茶を飲んだりお香を焚いたりして日本の気分を楽しんでいます。小さなスペースなので、甥や姪が小さい頃はお気に入りの遊び場でした。ちゃぶ台でお茶を飲みながらふと目を上げるとわたしの祖父母から譲られたフランス製の家具が置いてあり、なんともいい味を出しています。フランスでは家具を処分することはあまりありません。家具の中に宿っている職人の魂と、使ってきた人の魂を感じながら暮らしています。

日本とフランス、アンティークとモダン。それぞれのコントラストがとても面白くて、わたしは自分の部屋に満足しています。

東京の部屋は借りていますが、オーナーと相談して、キッチンに木の棚を作ることを許可してもらいました。プロに頼んで注文通りの棚を作ってもらい、ワイングラスを並べています。

間接照明にするだけで
おしゃれ感が10倍

光の演出でムード

フランス人は自然光を浴びるのが大好き。家の中にいても自然光が入る時間は存分に浴びて、夜になると、間接照明を使います。

日本のライトは蛍光灯が多く、街のライトも明るすぎ。わたしは蛍光灯の光はあまり好きではありません。本を読んだり仕事をしたりするときはある程度明るいほうがいいけれど、蛍光灯の白い光は目のためにも強すぎることが。それに、女性は間接照明に照らし出された方がきれいに見えるでしょう?

まだ電灯がなかった時代、西洋では部屋を明るくして陰翳《いんえい》を消すことに心を砕き、日本では逆に陰翳をうまく利用しました。日本文化の美は闇の中にこそあると谷崎潤一郎が『陰翳礼讃』で論じているのに、今の日本は明るすぎ。白い光には情緒がありません。和紙のシェードのランプはとても風情があるのだから、日本人は陰翳を大切にしてほしい。

世界を代表する彫刻家、イサム・ノグチのライトはフランスで人気です。三十五年をかけてさまざまな形状のライトを生み出したイサム・ノグチ。わたしは竹ひごを使わず、和紙を折りたたんだときに生まれるシワの陰翳を見せようとするライトがとても好き。吊り下げ式もいいし、スタンドライトも素敵です。わたしの部屋にも、友人がプレゼントしてくれたハンドメイドの和紙のライトがあります。

フランス人は間接照明で部屋を様々な雰囲気に演出します。光が壁や天井にあたって反射し、やわらかく、おだやかな印象に。リラックス効果も期待できます。直接照明に比べて目にもやさしく、就寝前は直接照明よりも間接照明の方が寝つきも良くなります。

恋人とベッドインするときのためにも間接照明を効果的に使います。壁に柄が映るセラミックのライトなどは、ベッドルームの官能的なムードを高めてくれるから。

いい香りの女性《ひと》になる

脳に体に心に響く

あちこちの国を行き来していると、空港に降り立ったときに「ああ、パリに戻ってきた」「久しぶりの日本だ」と、まず、香りで実感します。その国によって香りはまったく違います。四季によっても違うし、晴れた日は晴れた日の、雨の日は雨の日の香りがあります。

街を歩いていてもカフェの香り、レストランから漂ってくる香り、季節の花の香りが漂ってきます。わたしが暮らす神楽坂には、坂の途中にお茶屋さんがありますが、前を通るとき漂ってくるほうじ茶の匂いがとても好きです。

わたしは五感の中で嗅覚が一番大事だと思っています。パリの自宅ではアロマキャンドル、日本ではお香を焚いています。お風呂からあがったときは、バニラ、薔薇、桜の香りなどのボディクリームをつけます。異性との出会いでも「この人の匂いが好き」と、ピンとくることも。

そんなわたしにとって、香水は必需品。メイクの仕上げに香水をつけなくては出かけられません。日本女性はパリジェンヌに比べると、香水をつける習慣はあまりないよう。でも〝自分らしさ〟を見つけるための香水選びも楽しんでみてはいかがでしょうか。

まずはムエット（試香紙）で、好きな香りをいくつか見つけてみて、そこから先は、ムエットではなく自分につけてみる。ムエットにつけたときはいい香りでも、体温のある自分の身体とどんな化学反応を起こすかは、わかりません。友人がつけている香水を買ってみても、自分がつけると「何か違う」と思うこともあります。

試すときは身体の脈を打っている部分――手首の内側がベストです。できればつけてから一時間ほど時間をおいて、自分にしっくりくるかたしかめたいもの。だって自分に合う香水は、いつしかあなたの個性の一部となるのだから。選んだ香水がだんだんに自分だけの香りになってきたら、あなたは〝自分らしさ〟をひとつ、身につけたことになります。日本人には香料の割合の多いオードパルファムよりも軽めのオードトワレがちょうどいいように思います。

わたしは季節によって香水を変えているわ。服を着る前にデコルテに、そして仕上げに手首にも振りかけます。手首の香水は自分のため。移動途中や打ち合わせの最中などに手首の匂いを嗅いで、うっとりしたり元気をもらったり。髪の毛につけるという人もいますが、わたしはしません。十九世紀のフランスでは、ハンカチや手紙にも香水をふっていました。

一日の中でも、朝は仕事用の香りをつけて出かけ、夕方になって香りが消えた頃に夜のパーティ用の香りにつけかえたり、と楽しんでいます。フランスでは、香りのTPOを使い分けることはマナーのひとつでもあります。

宝物はお守りと同じ

かけがえのないもの

自分にしかその価値がわからないもの、それが宝物。心の奥のとてもやわらかくて温かくて、やさしいもの、と同じかしら。子どもの頃を思い出して。色とりどりのビーズ、布の切れはし、お人形の洋服……。「なぜこんなものが？」というものもあったかもしれない。

わたしの宝物は、祖母をモデルにした彫刻。数年前、九十九歳までひとり暮らしを貫いた大好きだった祖母が亡くなりました。そのとき譲り受けたのが、祖母の顔が刻まれたこの彫刻。見るたびに祖母とのいろいろな思い出が蘇る。わたしと祖母だけに通じる特別なもの。他人が見たら「これが宝物？」と思うかもしれない。だからこそわたしにとっての宝物。パリの家に大切に飾っています。

そのほかには、日本人の友だちが作ってくれたお茶碗。陶磁器、漆、竹……日本の食器の美しさには常々心を惹かれていますが、友だちがわたしのために作ってくれたお茶碗は世界にひとつしかない宝物。あと自分の生まれた年のワインも。

昔の恋人からもらったラブレターや一緒に撮った写真、プレゼントは人によって、どうするか大きな違いがあるでしょうね。別れたら捨ててしまう人もいるかもしれない。過去との関係はどうしたらいいのかしら、と、自分の心に問いかけることもあるけれど、わたしは今のところ大事にとってあるわ。そのほかに、指輪など肌身離さず身につけている宝物も。ジプシー生活を送る自由人のわたしだからこそ、宝物たちはお守りのような存在。すべてに思い出が詰まっています。

自分の胸の小箱にしまってある思い出の数々も宝物。ときどき胸に蘇る、過去の恋人と交わした甘い言葉。旅の風景。仕事での経験。日常のこまごまとしたシーン……。それらが全部、今のわたしを作り上げているのです。

時間と手間をかけることで
物に魂が宿る

物を大事にする

フランス人はお金の管理をしっかりできるように育てられます。小さい頃は「あれ欲しいよー、お願ーい」と可愛く甘えておねだりもしますが、お小遣いをもらうようになるとその中からやりくりするように。

フランス人はとても堅実で、お金を使わなくても贅沢な暮らしができます。日本人より物を大切に使います。わたしが日本に来たばかりの頃は、粗大ごみの多さにびっくりしました。まだまだ使えるものが道に捨てられていて、何度もったいないと思ったことか。日本はアメリカ資本主義の影響か、新しいものをすぐ買うという志向が強い。電子機器や家電製品が故障すると、直そうともしないですぐに新しいものを買う。DIYにも関心がない。

けれどヨーロッパ人たちは物を大切にします。携帯、パソコン、家具、洋服、キッチン用品……。一度使い始めたものは使えなくなるまで長く使います。捨てるにしても、リペアできるかどうかチェックします。リペア、リサイクル、そして別の使い道を探す。それらがフランス人はとても得意です。フランスには街角に大きなリサイクルボックスがあり、着なくなった服はそこに入れるというシステムもあります。誰かが大事に着てくれたらという思いからです。

わたしは祖母からもらった洋服や家具も大切に使っています。ファッションも家具も、流行は繰り返す。古いものが最新の流行になることも。日本も昔は着物を仕立て直し、長く大切にしていました。壊れたから、着ないから、と、すぐに処分しないで、その頃の習慣を見直してみてもいいのでは？

キューバでは、常に工夫して生活しています。きれいな花を飾りたくても花瓶がない。だったらペットボトルをカットしてデコレートして、花瓶にする。彼らはリサイクルとリペアは大の得意。携帯電話も壊れたら自分で直して使い続けます。車も壊れるたびに自分で修理。五〇年代のアメ車があちこちに走っていますが、ボンネットを開けるとパーツはトヨタだったりヒュンダイだったりフィアットだったり。それでもちゃんと走っている。彼らの考える力と手先の器用さには驚くばかりです。

わたしは今もプライベートではガラケーを使っています。

「どうしてスマホにしないの？」と聞かれますが、逆に尋ねたくなります。

「どうして最新のものを持たなくてはならないの？」

壊れていないのだから大切に使う。それがわたしの姿勢です。

いくつになっても
好きな色を身にまとう

色の力を味方にする

あなたは何色が好き？　服とアクセサリーを決めるとき、色はとても重要。自分が好きな色を基調にトータルコーディネートを決めていいと思うし、自分では似合わないと思っていた色を誰かに「あなたその色似合うわね」と言われたら、きちんと覚えておくことも大事ね。

もう一つはインテリア。壁の色、絨毯の色を好きな色で統一したら毎日気分よく暮らせます。前のページでも書きましたが、わたしは東京で借りている部屋の壁を好きな色にペイントできないのがとても残念。

わたしは名刺とウェブのロゴもパリのベッドルームも紫・ピンク・ボルドーワインの赤のミックスで統一しています。フェミニンで個性があって、自分にとって気持ち良い、大好きな色。自分で決めた色ですが、周りの人も似合うと言ってくれます。

服やアクセサリーは色で遊べる。スカーフと指輪の色をそろえてみたり。リトルブラックドレスにワンポイントで真っ青なアクセサリーを合わせてみることも。ネイルアートや靴ひもでさし色を入れるのも楽しい。逆に、どうしてもユニークな色のネイルをして出かけたくなった日は、服はシックなものを選んだり。あとわたしはよく、気に入ったデザインの服や靴、バッグに巡り合ったら、色違いで揃えます。

わたしは朝起きたときの気分で一日のメインの色のベースを決めます。赤、紫、青、白、黒、緑、ベージュ。だいたいこの中から見せたい自分によってチョイスします。仕事で大事なプレゼンがあるので、デキる女に見せたい日はちょっと強めの色を。おぜいの女友だちと会うので個性を発揮したいときはユニークな色を。デートのときは自分が一番似合う色を。と、その日によって自分の見せたい部分をカラー化します。

色は精神にも影響を及ぼします。

自分に似合う色をカラーコーディネーターに診断してもらう人もいるようですが、自分をわかっているのは自分です。人の意見を参考にするのは大事。でも振り回されすぎないで。

日本では歌舞伎の世界とか、着物の世界では、鮮やかな色遣いが多いのに、服は地味。パーティの席でもベージュや薄ピンクの地味なドレスを着ている。これはわたしの周りのヨーロッパ人もとても不思議に思っているよう。

一番問題なのはビジネスマン！　ダークスーツばかりでみんな同じに見えます。いろいろなところで書いてきましたが、日本に来たばかりの頃、横断歩道の向こうから同じ格好のビジネスマン軍団が渡ってきたので驚きました！　パリのビジネスマンはスーツやシャツ、ネクタイの色で個性を発揮しているのに、日本はどうして紺とグレイばかりなの？

年齢を重ねた女性もそう。みんな同じような地味な色合いの服ばかり。無難な色使いばかりしていると、退屈しない？　年齢は関係ない。ピンクが好きならピンクを着ればいいのに。

「もう若くないから」

すぐにそう言う癖はもうやめましょう。もちろん年齢に応じた品のあるデザインの服を選ぶべきだけど、色は自分の好きな色を選んでいい。玄関に等身大の鏡を置いて、トータルコーディネートをチェックして、自分で納得できたら自信を持って出かければいいのです。

「わたしはこの色が好き！」と、胸を張って言える色を見つけましょう。

言霊《ことだま》を信じている？

好きな言葉を持つ

わたしが一番好きな言葉は"Liberté"。リベルテ、つまり自由。講演をするときも、どこかに必ずこの言葉を使うようにしています。

フランスのスローガンも『Liberté, Égalité, Fraternité』(リベルテ、エガリテ、フラテルニテ)。自由、平等、博愛です。フランスの憲法にも明記されていて、フランス国民にとってはこの三つは守られなければならない理念として重視されています。

言葉には魂が宿っています。言葉の役割はすごく大事。「ありがとう」や「楽しい」などのポジティブな言葉を使っていれば、だんだんと元気になっていきますし、逆にネガティブな言葉を使う人は、どんなに立派な地位の人でも、容姿が良くても、まったく魅力的ではありません。

わたしは大切な友だちや恋人にはよく手紙を書きますが、口に出す言葉でも、書く言葉でも、言葉の持つパワーはすごく強い。わたしは好きな言葉に出会ったら自分のノートに書き写します。ときおりそのノートを開いて、エネルギーをもらいます。昔から大好きなことわざもたくさんあります。この間出版した『パリジェンヌ流　美しい人生の秘密』という本はフランス人の女性の名言を集めたものです。

あなたは好きな言葉やことわざ、詩はありますか？　もしすぐに浮かばなかったら、本を読んだり、歌を聴いたり、映画を見たりしたときに心に引っかかった言葉をぜひ書き留めてみて。その言葉が発するパワーに包まれ、穏やかな気持ちになったり、勇気をもらえることでしょう。


言葉の持つ意味も大事だけれど、口にしたときの音も大事。Baudelaire（ボードレール）、Rimbaud（ランボー）、Prévert（プレヴェール）……。ポエムを読むととても気持ちが良くなります。お気に入りの詩集はパリでも東京でも必ず手元にあります。わたしが講師を務めるフランス語講座でも、生徒と一緒に詩の朗読をします。

日本の俳句も、とても面白い。松尾芭蕉はフランスでも人気があります。短い言葉の中に、人生の瞬間を表現する言葉が素晴らしい。俳句を知ることでより日本語を理解することができます。

わたしは漢字のなりたちを聞くのも好き。一番好きな漢字は〝心〟。そして〝愛〟です。

私は六か国語を話します。フランス人の友だちに電話をかけるときも日本語で「もしもし？」と言って、スペイン語で「Hola!（オラ＝こんにちは）」と挨拶。英語で「busy?」と尋ねて、フランス語で話をして最後はドイツ語で「Tschüss!（チュース＝じゃあね）」。いろいろな場面に各国語をミックスします。初めはびっくりされましたが、だんだん楽しくなってきて最近はフランス人の友だちがわたしに電話をかけてくるときに「もしもし？」と言ってくることも！

わたしはユーモアや言葉遊びが大好き。フランス人は全般的にちょっと皮肉を込めたジョークを好みます。日本で落語や漫才を見ることもありますが、わたしとしてはもう少しエスプリが利いている方がいいかな。

フランス人は幼い頃から自分の意見を言えるように育てられるし、議論好きな民族だと書きましたが、言葉の使い方にもこだわります。

恋人同士だったら、単に名前を呼ぶだけでなく「ぼくの（わたしの）愛しい人」や「ぼくの（わたしの）宝物」という呼び方をするし、愛の言葉も毎日のように囁き合っています。人のこともよく褒めますが、友だち同士はもちろん、職場の同僚や、カフェのギャルソンが服装を褒めてくれることも。恋愛における甘い言葉や、日常生活における褒め言葉は、聞いていて嫌な気持ちはしないもの。そしてお互いに笑い合えたらさらにいい！

プラスのエネルギーに変わる言葉を、まずはあなたからどんどん発していきましょう。そうすれば周りも変わっていって、あなたの周りはいつも幸せに包まれるはずです。

好きか、嫌いか、で決めていい

人生の索引を作る

生きるということは、人生の索引を作ることと同じです。
好きなことをする、好きな人といる、好きな場所に行く、好きなものを持つ。それらすべてがあなたの人生の索引となるのです。

好きなことをすると、だんだん自分のことが好きになり、自信につながります。

私は私―Je suis comme je suis.

年齢を重ねるほど、義理や世間の目を気にしなければならないことがふえます。でも自信があると「自分はこれでいい」と思えるから、強くなって気にしなくなります。
日本は素晴らしい国だけど、ちょっと堅苦しい。もうちょっと楽に、フレキシブルになればいいのにといつも思います。

「自分のスタイルで生きる」ことはあたりまえのことなのに、日本では少し難しいかもしれません。だけど、小さな勇気が大きな自由になります。ありのままの自分で生きるために、その勇気は必要。

ときには好き嫌いで決めてもいいと思います。


「好きだから、したい」

「嫌いだから、やりたくない」

それでいいんじゃない？


好きなことをすると自然に上手くなります。仕事でも趣味でも、なんでもそう。がまんしてやりたくないことをやるより、好きなことをするほうがいいでしょ。

女はやがて少女になる。素直に本音で人生を生きる。お金より大事なこと、人生を楽しむこと。後悔しないためにできれば毎日を楽しんで。


もし、「なぜ、あなたはそれをしているの？」と聞かれたら、こう答えて。

好きだから……。

二〇一六年十一月　ドラ・トーザン

Merci!

Mireille,
Fumiko,
Naoki,
Ponja,
Sasho,
Kazunori,
Motoko,
Yuri,
Yoshinori,
Keiko,
Yu,
Toshihiko,
Makoto,
Yoshimi,
Akira,
Chie,
Masako,
Yoji,
Mami,
Kazue,

©Sasho

ドラ・トーザン
Dora Tauzin

エッセイスト、国際ジャーナリスト。フランス・パリ生まれの生粋のパリジェンヌ。

ソルボンヌ大学、パリ政治学院卒業。

NHKのテレビ番組『フランス語会話』に5年間出演。

慶應義塾大学講師を経て、現在「アンスティチュ・フランセ」、「アカデミー・デュ・ヴァン」などで講師を務める。また、日本とフランスの架け橋として、新聞・雑誌への執筆や講演、テレビ・ラジオのコメンテーターなど多方面で活躍中。

著書に『フランス人は年をとるほど美しい』(大和書房)、『愛される男の自分革命』(徳間書店)、『パリジェンヌ流　美しい人生の秘密』(宝島社)などがある。

2009年、文化庁より長官表彰(文化発信部門)。

2015年、フランス政府よりレジオンドヌール勲章シュヴァリエ受章 。

公式サイト/http://www.doratauzin.net
Facebook/http://ja-jp.facebook.com/dora.tauzin.official/

好《す》きなことだけで生《い》きる
フランス人の後悔《こうかい》しない年齢《ねんれい》の重《かさ》ね方《かた》

2016年12月1日　第1刷発行

著者　ドラ・トーザン
発行者　佐藤 靖
発行所　大和《だいわ》書房
〒112-0014
東京都文京区関口1-33-4
電話　03-3203-4511
ブックデザイン　ME&MIRACO(塚田佳奈)
イラスト　カトウミナエ
校正　メイ
本文印刷　厚徳社
カバー印刷　歩プロセス
製本所　小泉製本

ISBN978-4-479-78368-8

http://www.daiwashobo.co.jp/